LES VEILLÉES DE LA FERME

NOTIONS ÉLÉMENTAIRES D'AGRICULTURE ET D'HYGIÈNE RURALE

PAR LOUIS FORTOUL

QUATRIÈME ÉDITION

Ouvrage approuvé pour les Bibliothèques scolaires
Couronné par la Société de l'Instruction élémentaire, à la suite d'un concours
ouvert par cette Société.

PARIS

LIBRAIRIE CLASSIQUE DE PAUL DUPONT

41, RUE J.-J.-ROUSSEAU (HOTEL DES FERMES)

1868

LES VEILLÉES

DE LA FERME

Clichy. — Impr. Paul Dupont, 12, rue du Bac-d'Asnières.

LES VEILLÉES

DE LA FERME

NOTIONS ÉLÉMENTAIRES D'AGRICULTURE ET D'HYGIÈNE RURALE

PAR LOUIS FORTOUL

QUATRIÈME ÉDITION

Ouvrage approuvé pour les Bibliothèques scolaires

Couronné par la Société pour l'Instruction élémentaire, à la suite d'un concours ouvert par cette Société.

PARIS

LIBRAIRIE CLASSIQUE DE PAUL DUPONT

RUE DE GRENELLE-SAINT-HONORÉ, 45.

1877

PRÉFACE

La tendance qu'ont montrée depuis quelques années les populations rurales à abandonner les travaux de la campagne pour rechercher de nouvelles occupations dans les villes, a frappé tous les esprits. Les fâcheux résultats d'un pareil état de choses sont faciles à apprécier ; surabondance de bras d'une part, disette de l'autre : — tel est le mal. Le défaut d'équilibre dans la répartition d'une population, eu égard aux besoins locaux, produit nécessairement un malaise social. — Les intérêts moraux n'ont pas moins à en souffrir que les intérêts matériels.

La *Société pour l'Instruction élémentaire*, dont la sollicitude philanthropique est toujours en éveil, a jugé avec raison qu'une mission lui incombait dans cette circonstance, et elle s'est empressée de mettre aussitôt son action bienfaisante au service des véritables intérêts du pays. Elle a pensé que si elle était impuissante à porter un remède immédiat au mal présent, au moins pouvait-elle déposer dans l'esprit de ceux qui formeront la génération agricole future le germe d'idées saines et justes, et propres à empêcher que le mal actuel ne se perpétuât. En outre de ce progrès moral, la Société a eu en vue un progrès matériel dans la pratique de l'agriculture ; ce dernier destiné à corroborer, à sanctionner en quelque sorte le premier. Il est bon, en effet, de rappeler aux hommes, trop portés à l'oublier, que, dans l'application, les idées saines et justes ont toujours pour effet une amélioration dans nos intérêts physiques bien entendus. — La pensée était ainsi complète, et la Société pour l'Instruction élémentaire l'a formulée en ces termes dans le programme d'un concours :

« Un prix est proposé à l'auteur d'un
« livre destiné aux écoles élémentaires
« des communes rurales, dans lequel se-
« ront exposés et mis à la portée de tous
« les âges :

« 1° Les principes d'agriculture et
« d'horticulture d'après les meilleures
« méthodes et les progrès reconnus par
« la pratique, les principes de l'hygiène
« appliqués à la vie rurale ;

« 2° Les conseils et observations pra-
« tiques propres à faire apprécier tous les
« avantages de la vie rurale sur l'exis-
« tence que procurent les ateliers dans
« les villes, sous le rapport de la mora-
« lité, de la santé, de la longévité, de la
« possibilité d'assurer toujours sa subsis-
« tance et celle de sa famille, le travail
« des enfants et leur établissement, et de

« trouver enfin des conditions plus cer-
« taines de bonheur et de bien-être général
« et constant. »

Ce programme m'a séduit ; il y avait à
attacher son nom à une œuvre utile : j'ai
fait le livre, et la Société pour l'Instruction élémentaire l'a jugé digne d'être couronné.

LES VEILLÉES

DE LA FERME

INTRODUCTION

Fertilis, assiduo si non renovetur aratro,
Nil, nisi cum spinis gramen habebit ager.
OVIDE.

Je vais raconter ce qui arriva, l'automne dernier, dans la ferme de la Cerisaie. — Ce récit pourra être utile à plusieurs, petits et grands.

Cette ferme devait son nom à un beau clos de cerisiers qui l'avoisinait. Elle était bien connue dans le pays pour sa bonne tenue et la beauté de ses cultures; pour la façon dont toutes choses y étaient toujours faites avec le soin et dans le temps nécessaires pour leur réussite. — Aussi la réussite ne faisait jamais défaut.

Maître Jean avait fait écrire en grosses lettres

sur le manteau de la cheminée : *Aide-toi, le ciel t'aidera.* — Chacun s'aidait, le ciel aidait tout le monde, et l'on prospérait.

Maître Jean était le propriétaire de la ferme, un brave homme, honnête, laborieux et qui touchait à la soixantaine sans savoir ce que c'était qu'une maladie, parce que, à la campagne surtout, ce sont les bonnes mœurs qui font la santé. — Or, il arriva qu'un an environ avant l'époque où nous commençons notre récit, maître Jean dut aller à Paris pour y recueillir la succession d'un parent. — Les affaires du défunt étaient en mauvais ordre, à ce qu'il paraît, et notre fermier, pour en voir la fin, se vit obligé, bien malgré lui, de séjourner plusieurs mois dans la grande ville. — Jusque-là, Dieu merci, il avait joui d'une santé robuste et inaltérable : mais soit le changement d'air et de vie, soit les influences toujours plus ou moins malsaines du séjour des cités populeuses, soit le souci des affaires et l'ennui de rester si longtemps loin de sa famille et de sa ferme, peut-être même tout cela réuni, fit que maître Jean tomba malade ; et quand il put retourner enfin chez lui, il était trop tard. Il languit encore près d'un mois et mourut.

Ce fut une profonde affliction à la Cerisaie. Vieux et jeunes, tout le monde pleura amèrement; vieux et jeunes, tous s'écrièrent avec angoisse : — Ah! mon Dieu! notre père est mort! — Maître Jean avait toujours vécu selon ce précepte : — Rendre heureux tous les êtres qui nous entourent, gens et bêtes, c'est se rendre heureux soi-même.

La famille restait nombreuse encore : d'abord madame Jean, la pauvre veuve, puis quatre enfants, trois garçons et une fille, tous grands déjà de dix-huit à vingt-cinq ans.

Une habitude existait à la ferme : c'est que le soir, avant de se coucher, tous les domestiques de la ferme, hommes et femmes, se réunissaient dans la grande salle et s'asseyaient silencieusement sur des bancs de bois. Maître Jean était là entouré de sa famille; il se dressait, et, en appelant tout ce monde ses enfants, il donnait ses instructions pour une chose ou une autre, parlait un peu des travaux faits, pour louer ou blâmer selon les cas, et puis des travaux à faire. Ensuite il se mettait à genoux, chacun l'imitait. Alors d'une voix lente et grave il récitait une courte prière, à la fin de laquelle tous répondaient : Amen. — Et quand on s'était relevé : — Bonne nuit, mes enfants, à demain ! — disait-il.

Le premier soir, après la mort du maître, quand chacun, selon l'habitude, arriva dans la grande salle, et qu'on se trouva ainsi tous réunis devant le grand fauteuil de cuir qu'il occupait d'ordinaire et qui était vide, il y eut d'abord un silence de suffocation, et puis un long sanglot s'échappa de toutes les poitrines. Le fils aîné ne put prendre la parole pour remplacer son père, personne ne put dire un mot ; des larmes furent la prière ce soir-là.

Les jours se passèrent ; le calme et la résignation rentrèrent peu à peu dans la ferme. Tout avait été admirablement organisé par le maître ; et, après lui les choses marchaient encore comme s'il eût été là. Personne ne prononçait le nom de feu maître Jean sans porter la main à son chapeau, et c'était avec un sentiment de profond respect que l'on regardait encore, dans un angle de la salle le lourd bâton en bois de houx qu'il portait d'habitude quand il allait à travers champs. C'était lui-même qui l'avait posé là la dernière fois qu'il s'en était servi ; — il y était encore et pas un, certes, n'eût osé y toucher.

Huit mois environ s'étaient écoulés depuis la mort de maître Jean, quand un soir les deux plus jeunes de ses fils prirent leur mère à part et lui tinrent un langage qui la remplit d'affliction.

Ils ne se sentaient, dirent-ils, aucune des qualités qui font le bon agriculteur ; l'ennui les gagnait surtout depuis la mort de leur père ; un plus long séjour à la ferme les rendrait malades — d'ailleurs leur présence n'y était pas indispensable, puisque leur aîné, qui s'entendait parfaitement à la culture, suffisait pour diriger la ferme ; donc ils avaient résolu de quitter les champs et d'aller à Paris pour y travailler d'un métier quelconque, pourvu cependant que leur mère n'y mît pas d'opposition, et ils la suppliaient de n'en pas mettre.

La pauvre mère resta un long moment muette de douleur en entendant cette révélation, et puis elle les prit tous deux par la main en s'écriant les larmes aux yeux : Quoi, Simon ? Quoi, Joseph ? — vous voulez me quitter?

La scène fut longue et émouvante. La veuve Jean dit tout ce que son cœur put lui suggérer pour retenir ses enfants auprès d'elle ; mais ils insistèrent vivement, prétendant que ce serait faire leur malheur que de les retenir à la ferme ; alors la mère craignit que si elle exigeait le sacrifice du projet de ses enfants, il n'en mésarrivât par la suite ; elle se contenta donc de leur demander encore un répit d'un mois, ajoutant que, si, au bout de ce temps, ils étaient toujours dans les mêmes sentiments, elle les laisserait partir. Ce fut chose convenue.

Pendant toute la durée du mois, Simon et Joseph ne dirent plus un mot à leur mère de leur projet de départ ; mais celle-ci voyait bien à leurs manières qu'ils n'avaient pas changé d'idée, et elle devenait de plus en plus triste. Daniel, le frère aîné, avait tenté une fois, mais inutilement, de faire revenir ses frères sur leur détermination ; leur sœur Suzanne ne fut pas plus heureuse. Aussi, le soir du dernier jour du mois, ils allèrent auprès de leur mère et lui dirent qu'ils étaient toujours dans les mêmes intentions.

— Eh bien ! allez, mes enfants, dit la veuve Jean dont la voix tremblait, et puissiez-vous être heureux !

Simon et Joseph firent donc leurs préparatifs, et enfin, un matin d'octobre, les trois frères et leur sœur s'étant réunis dans la chambre de leur mère, le départ fut arrêté pour le surlendemain.

Au moment où la famille allait se séparer, une servante de la ferme entra précipitamment, portant sur sa figure l'expression de la plus profonde stupéfaction.

— Bonté de Dieu! dit-elle, il y a quelque chose de bien extraordinaire dans la salle!

— Et quoi donc? demanda Daniel.

— Venez voir, maître Daniel, venez voir.

La veuve et ses enfants suivirent la servante dans la salle, et celle-ci, s'arrêtant au milieu, étendit son bras vers l'angle où depuis la mort du maître était resté placé son bâton de houx.

Le vieux fauteuil de cuir, siége ordinaire du fermier, était aussi resté, depuis lors, dans ce coin; et le sentiment de profond respect qu'inspirait la mémoire du défunt entourait ces deux objets d'une sorte de vénération; de telle sorte que personne dans la ferme n'eût osé y porter la main. On comprendra donc la surprise que dut éprouver la servante quand, ce matin-là, en ouvrant les fenêtres de la salle, elle aperçut sur le fauteuil un petit paquet enveloppé de papier bien cacheté et sur lequel était posé le bâton de houx couché en travers. — Elle se garda bien d'y toucher et alla prévenir la famille.

Au moment où tous, réunis dans la salle, regardaient immobiles et étonnés, un beau rayon de soleil levant se jouait sur le fauteuil, répandant une joyeuse clarté sur le paquet cacheté et sur le bâton.

— Vois ce que c'est, Daniel — dit la mère émue.

Daniel s'approcha respectueusement, ôta le bâton, puis le paquet, et lut dessus : — *Pour mes enfants.*

Il n'y avait pas à s'y méprendre, c'était l'écriture du fermier défunt.

Daniel rompit les cachets et, dans le paquet, en trouva un certain nombre d'autres, sous bandes particulières, cachetés aussi et renfermant, chacun, un certain nombre de feuilles de papier. Il y avait en outre une feuille isolée et pliée en quatre que Daniel ouvrit et où il lut : — « Je désire que mes enfants lisent attentivement ce qui est renfermé dans ce paquet, et comme cette lecture pourra être utile à d'autres aussi, je désire que chaque soir, avant la prière, et en présence de toutes les personnes de la ferme, hommes et femmes, petits et grands,

Daniel ouvre l'une des enveloppes jointes à ce papier, dans l'ordre indiqué, et lise à haute voix les feuilles qu'il y trouvera. Puissent tous ceux qui écouteront, puissent mes enfants surtout en tirer quelque profit ; — et que tous reçoivent la bénédiction du père Jean. »

Sur le premier paquet il y avait : 1re veillée ; sur le second : 2me veillée ; ainsi de suite jusqu'à 14.

— Je reconnais bien l'écriture de notre père, dit Daniel ; nous la reconnaissons tous, n'est-ce pas ?...

— Oui, oui, — dit chacun.

— Mais d'où vient ce paquet ?... Qui l'a apporté et placé sur le fauteuil ?

Impossible de répondre à cette question. Il y eut un moment de silence.

— Peu importe, reprit la mère en essuyant ses yeux mouillés de larmes, il faut faire ce que le père a voulu.

— Nous le ferons, dirent les enfants.

En effet, le soir, quand tout le monde fut réuni pour la prière, chacun vit avec surprise et émotion Daniel placer devant le foyer le vieux fauteuil de cuir, sur lequel était le paquet décacheté et le bâton de houx couché dessus.

Alors Daniel prit la parole pour raconter ce qui s'était passé le matin ; après quoi il donna lecture du billet où son père exprimait son désir, et puis, prenant le paquet sur lequel était écrit : 1re veillée, il brisa l'enveloppe et l'ouvrit lentement. Le plus profond silence régnait ; on n'entendait que le bruit du papier déchiré et froissé. La pauvre veuve s'était assise dans un coin sombre et restait là immobile, la tête penchée sur son sein et le visage couvert de ses deux mains.

Daniel lut ce qui suit :

PREMIÈRE VEILLÉE

PARIS

1. — Faute de savoir et d'expérience, la jeunesse se trompe souvent ; je ne considère donc point comme une honte pour les vieux d'avouer les torts qu'ils ont eus dans leur vie, et de confesser leurs erreurs, même en face de leurs enfants. — Ainsi les jeunes sont prévenus de se tenir en garde contre certains dangers qu'ils ignorent. — Je sais bien que beaucoup ne tiennent compte des avis. Mais quand bien même chaque confession d'une faute n'empêcherait qu'un seul d'y tomber, ce serait une chose bien précieuse et bien méritoire. — *Les gens sages s'instruisent par les maux d'autrui ; les sots à peine par les leurs ;* — comme dit le bonhomme Richard.

2. — Je suis né et j'ai grandi dans la ferme de mon père. Un mien oncle m'enseigna à lire, à écrire et à compter un peu, me mit dans

la tête quelques mots latins, un brin d'histoire
et de géographie. Tout cela réuni ne faisait
pas un gros savoir; car ce n'était, au total,
que des mots qui s'étaient logés plus ou moins
solidement dans ma cervelle et que souvent je
ne comprenais seulement point; pure affaire
de mémoire! Cependant je m'imaginais être un
savant, ce qui prouve bien que je ne savais
rien du tout. — Par suite j'étais fier de moi-
même et un peu dédaigneux de l'état de mon
père, qui s'en apercevait bien, et je l'entendis
un jour dire à mon oncle : — Frère, vous avez
éduqué un peu sa mémoire; mais point du tout
sa raison.

C'était la vérité.

3. — Je me livrais aux travaux de la ferme;
non pas que j'y eusse goût, mais mon père n'aurait pas souffert que je restasse les bras croisés.

— Conduis toi-même la charrue, si tu veux
qu'elle te fasse vivre, me disait-il, et il avait raison; mais moi, je n'avais qu'une idée, gagner de
l'âge pour arriver à pouvoir quitter la ferme et
aller travailler à la ville où je m'imaginais que je
mènerais la vie aisée et agréable. Je pensais bien
que ce ne serait pas sans peine que j'en arriverais
là et que mon père y mettrait obstacle; mais je
comptais bien avoir le dessus.

Aussi j'allais et je venais dans la ferme faisant
un peu de tout, mais ne donnant attention à rien;

le dernier des domestiques en savait plus long que moi sur les choses de la campagne. Bien souvent je faisais des sottises. Un jour que mon père me tançait sévèrement là-dessus, — je lui répondis que je ne pouvais faire mieux et que, puisqu'il était si mécontent de moi, il n'avait qu'à me laisser aller à Paris où je travaillerais plus à mon idée et mieux.

4. — Je m'attendais à un orage et je regardais mon père, croyant voir la colère dans ses yeux. —

Point, je me trompais ; — il me regardait, mais non d'un air irrité. Sa figure était pensive. — Pendant un moment il ne répondit rien, et puis il me toucha le bras du bout du doigt en me disant : — Eh bien ! soit Jean, je le veux bien. —

Et puis il reprit après m'avoir regardé encore en fronçant un peu le sourcil : — cette idée de quitter la ferme, tu l'as depuis longtemps et tu n'attendais que l'occasion pour en parler. —

Je voulus nier ; mais il me regarda si sévèrement que je me tus et il ajouta : — Tu partiras... bientôt... le plus tôt possible. Je te donnerai de quoi vivre un mois, en attendant que tu aies pu te procurer du travail. Après, ce sera à toi à te tirer d'affaire. Surtout, dit mon père en appuyant fortement sa main sur mon épaule, surtout n'oublie pas que c'est toi qui l'as voulu — et il me laissa.

5. — Je partis huit jours après, un lundi matin.

Il ne serait pas vrai de dire que je n'éprouvais pas une peine intérieure en quittant l'endroit où j'avais vécu jusqu'alors ; mais je croyais ma dignité engagée à paraître calme et ferme. Je ne fis donc rien paraître de ce qu'il y avait en moi.

Mon père m'embrassa sans me rien dire et je vis le coin de ses yeux humides ; mais je ne supposais qu'une chose, c'est qu'il était en grande colère contre moi et que son silence venait de la rancune. — Par la suite je réfléchis mieux, et je compris qu'il avait eu grand'peine à retenir ses larmes et qu'il ne m'avait rien dit pour ne pas trahir son émotion par le tremblement de sa voix.

Ah ! combien souvent la pensée des enfants est injuste et ingrate envers les parents. — On comprend cela, quand plus tard on a des enfants soi-même.

6. — Je me mis en route, mon bagage sur le dos, un bâton à la main. — En passant, je disais adieu de l'œil et de la pensée à toutes les choses de la campagne que j'étais habitué à voir depuis mon enfance. Les arbres, les buissons, les haies, les bornes, le ruisseau coulant à travers les saules et les peupliers, le clocher lointain étaient autant de vieilles connaissances auxquelles je n'avais jamais pris garde, pour ainsi dire, et qui, au moment où je les quittai, me parurent presque être des amis.

L'homme a beau vouloir endurcir son cœur, il ne rompt jamais sans peine le lien qui l'attache à toutes les choses de son enfance. — Quand ce lien est rompu, enfants, vos plus beaux jours sont passés.

On était vers la fin de la fenaison, et les foins secs répandaient dans l'air une senteur délicieuse. Je crois que c'est la première fois que je remarquai que les foins ont bonne odeur.

Je cheminais toujours ; il faisait chaud. Parvenu à une certaine distance, je m'arrêtai, et, posant mon paquet par terre, je m'assis à l'ombre d'un arbre au bord de la route. Pendant que j'étais là, un petit oiseau se posa sur une branche tout près de moi et se mit à chanter. Je l'écoutai sans bouger et sans me rendre compte du plaisir que j'avais à l'entendre. Je ne m'étais jamais douté que les oiseaux chantaient si bien.

Toutes ces sensations que j'éprouvais étaient confuses en moi. Dans l'émotion bien naturelle de mon cœur à un pareil moment j'étais incapable de raisonner tout ce qui se passait en moi. Si j'avais raisonné, je serais retourné à la ferme.

7. — Quand j'arrivai à Paris, la nouveauté de tout ce que je vis chassa pendant quelques jours complétement de ma pensée le souvenir des champs ; j'étais émerveillé, ébloui, étourdi ; mais content, non. Tout ce luxe, ce bruit, ce

mouvement, cet éclat excitèrent d'abord ma curiosité au plus haut point, mais me fatiguèrent bientôt. Les premiers jours, je les avais passés constamment dehors, sortant de bonne heure de la petite chambre que j'avais louée et n'y rentrant que pour me coucher. Ensuite, le premier éblouissement passé, je ressentis de la lassitude et une sorte d'ennui. — Je rentrai chez moi au milieu du jour et, la tête dans mes mains, me mis à réfléchir.

Dès le lendemain de mon arrivée, j'avais écrit à mon père et lui avais donné mon adresse.

8. — Mes réflexions ne furent pas gaies ; — ce qui me pesait surtout, c'était l'isolement dans lequel je me trouvais. Oui, j'étais seul, bien plus seul au milieu de cette ville d'un million d'habitants, bien plus seul qu'au milieu des quinze ou vingt personnes de la ferme. — Personne à qui parler pour échanger des pensées, pour demander ce que j'ignorais, pour recevoir un conseil. — Pas une figure amie ou simplement de connaissance parmi ces milliers de figures qui se croisaient autour de moi dans les rues. — Ni paroles, ni regard, ni sourire, ni geste amical, rien pour moi. — J'étais seul, pas un être ne s'occupait de moi.

Alors je songeai qu'au pays, au contraire, tout le monde me connaissait et je connaissais tout le monde ; là-bas, du plus loin qu'on me voyait, on me saluait, on venait à moi, on me serrait la main; chacun avait des paroles amicales pour moi. — Je me pris à regretter de n'avoir pas amené un petit chien qu'il y avait à la ferme : — « Si je l'avais, ce petit chien, me disais-je, il me caresserait, lui, je lui parlerais... et je ne serais pas seul. »

Et je songeai alors avec remords que là-bas, souvent, dans ma mauvaise humeur, j'avais donné des coups de pied au pauvre animal.

9. — Mes réflexions allaient toujours leur train : — Au fait, me disais-je, pourquoi ferait-on attention à moi ici? Que suis-je pour tout ce monde? on n'a que faire de moi. — Là-bas, à la ferme, j'étais quelque chose, j'avais une valeur, on me considérait, les autres me trouvaient même savant. — J'étais des premiers là-bas; je suis des derniers ici. »

Cependant, au milieu de ces pensées décourageantes, mon orgueil, mon amour-propre élevaient la voix et me disaient qu'après tout il n'y avait rien de perdu, et qu'en travaillant à Paris, comme ailleurs, je pourrais me tirer d'affaire comme tant d'autres et que tout naturellement je ne pouvais pas m'être créé des ressources au bout de quelques jours. — Il ne s'agissait que de s'en occuper. — Oui, oui, occupe-t'en, me criait une autre voix, partie du fond de ma conscience, — occupe-t'en;... les jours passent : tout est

cher à Paris; ton argent sera bien vite dépensé...
et alors... plus de gîte, plus de pain... la faim
te guette, prends garde! — A la ferme, il y a
toujours au moins un morceau de pain dans la
huche, il y a toujours un fenil pour dormir —
ici rien. — Écriras-tu sitôt à ton père que tu as
faim?

— Non, non! — répondait l'orgueil.

10. — Toutes ces pensées me donnaient la
fièvre; je sortis, il faisait nuit. Je marchai vite
au hasard. En passant à l'angle d'une rue étroite
et sombre, j'entendis à ma droite une voix qui
disait : — Mon bon monsieur, ayez pitié de moi;
la charité s'il vous plaît. — C'était à moi qu'on
parlait.

J'étais si accablé de mon isolement que la voix
de ce mendiant qui m'appelait : Mon bon monsieur, me fit éprouver une des plus douces
sensations que j'aie jamais ressenties, et je m'arrêtai subitement en cherchant quelques sous
dans ma poche. — En même temps je regardai
le malheureux qui attendait mon aumône. — Il
était là, tête nue, grand, maigre, les cheveux en
désordre, les yeux hagards.

— Oh! merci, monsieur, vous nous sauvez,
me dit-il en recevant ce que je lui donnais.

Je le questionnai, il ne me répondit que par
ces mots : — Venez voir : — et je le suivis machinalement dans la ruelle sombre. — Où il

entra, j'entrai ; je montai avec lui cinq ou six étages à tâtons. Il poussa une porte et nous nous trouvâmes dans une petite chambre à peine éclairée par une chandelle fumeuse.

11. — Il y avait là une femme misérablement vêtue, serrant contre son sein un petit enfant qui se tordait en pleurant. L'homme prit l'enfant et donna mon aumône à la femme qui sortit précipitamment. Et alors tout en cherchant à calmer le pauvre petit par ses caresses, le malheureux père me raconta en quelques mots sa triste histoire.

En travaillant fort il gagnait sa vie, sans pouvoir mettre un sou de côté pour les mauvais jours. Voilà que la maladie était venue et l'avait cloué plusieurs mois à l'hôpital. — Pendant ce temps, comment avait vécu la pauvre femme avec son enfant ? — Dieu le sait. — Tout le pauvre ménage avait été vendu ; il n'y avait plus là qu'une misérable paillasse, des lambeaux, des guenilles et quelques débris de meubles. Et tous ces haillons sales et ces trois êtres souffrants, père, mère et enfant, tout cela réuni dans un cabinet étroit, infect, sans air et sans lumière. C'était horrible.

Bientôt la femme rentra avec un morceau de pain pour elle et son mari, un peu de lait dans une écuelle pour l'enfant.

Je rentrai chez moi à moitié fou, les oreilles

pleines des cris de l'enfant qui avait faim et sentant toujours l'odeur infecte de ce misérable logis.

Je me rappelai alors la grande table de la ferme où chacun vivait si largement; — je me rappelai le parfum des foins coupés et le joyeux chant de l'oiseau sur l'arbre de la route.

12. — Dès le lendemain je me mis en quête de travail, et mes inquiétudes loin de diminuer s'accrurent.

Ce Paris que j'avais tant souhaité et dans lequel je me créais par avance une vie si agréable, ce Paris si merveilleux, je n'y songeais plus. Tous mes étonnements s'étaient évanouis en moins d'une semaine devant les préoccupations sérieuses de l'existence.

Je m'imaginai d'abord que je pourrais utiliser les connaissances que je devais à mon oncle; d'ailleurs mon amour-propre s'accommodait mieux d'un emploi qui ne me rangeât pas dans la catégorie des ouvriers. — Je parcourus donc les maisons de placement en indiquant mon savoir. Partout j'étais accueilli par un coup d'œil auquel je ne pouvais me méprendre.

— Il y a, me dit-on dans l'un des bureaux où je me présentai, il y a vingt jeunes gens inscrits ici pour être placés et qui à eux vingt savent presque toutes les langues vivantes, connaissent toutes les sciences naturelles, les mathématiques, le droit, la médecine, les beaux-arts, possèdent tous les grades universitaires ; — eh bien, nous ne pouvons leur trouver des emplois ; et vous voulez, vous.....?

Je n'attendis pas la fin et sortis bouleversé.

Dans la maison où je me présentai ensuite j'affichai moins de prétentions.

— Voulez-vous être valet de chambre ? me dit-on.

Je rentrai chez moi humilié ; mais dès ce moment-là j'étais meilleur ; car je compris toute mon incapacité et mon ignorance.

13. — Eh bien, je serai ouvrier, me dis-je.

Afin d'économiser mon argent, je m'étais logé dans une maison de pauvre apparence. Elle était sombre et triste et donnait d'un côté sur une rue sale et étroite et de l'autre sur une cour plus sale et plus étroite encore. J'avais des ouvriers pour voisins. Je résolus de m'adresser à l'un d'eux pour lui exposer mon désir de travailler et lui demander les renseignements et les conseils qu'il pourrait me donner.

Cet homme me fit d'abord jaser, mais ne voulut rien me dire avant de m'avoir entraîné dans un cabaret.

Là, en buvant et me forçant à boire plus que je ne voulais, il me donna quelques indications dont je pris note pour les mettre à profit. — Mais je dus payer la dépense et je revins dans mon logis, la tête lourde, les idées confuses, le pas chancelant. — Je m'endormis aussitôt.

Le lendemain en me réveillant avec toute ma raison, j'eus horreur de moi-même.

— C'est une leçon, pensai-je, j'en profiterai.

Comme j'allais sortir avec la ferme résolution de chercher et d'accepter quelque travail que ce fût, quelqu'un frappa à ma porte. J'ouvris aussitôt.

DEUXIÈME VEILLÉE

L'OUVRIER

Le lendemain au soir, Daniel ouvrit le deuxième
manuscrit et lut :

14. — Ce fut un vieux monsieur qui entra, petit et maigre, vêtu très-simplement, mais il y avait dans sa physionomie une expression fine et douce qui me captiva tout de suite.

Il entra sans rien dire, sa canne sous le bras et en me regardant avec une attention bienveillante. Quand il eut repoussé la porte, il me salua avec un sourire et me demanda si je n'étais pas quelqu'un qu'il me nomma. Je lui dis que non, et je dois dire que je fus réellement peiné en reconnaissant que ce monsieur s'était trompé et n'était pas venu pour moi.

Cependant il ne paraissait pas pressé de se retirer et m'expliqua comme quoi il s'était trompé. Il cherchait un jeune homme venu récemment de province et qu'on lui avait recommandé afin de l'aider à trouver du travail. — En me racontant cela aussi longuement et aussi lentement que possible, il me regardait attentivement, les deux mains appuyées sur sa canne.

15. — Je me sentais si malheureux et il y avait tant de bonté dans la physionomie de ce monsieur, que je me promis bien de profiter de sa visite que m'amenait le hasard. — Certainement, pensai-je en l'écoutant, il ne me refusera pas un bon conseil.

Aussi je me hâtai de lui dire combien j'étais heureux de l'erreur qui l'avait amené chez moi. Je lui exposai en deux mots ma situation, le besoin où j'étais de me procurer du travail et les difficultés que je rencontrais. Puis, je réclamai les conseils de son expérience pour le choix d'un métier et pour arriver à l'exercer.

Avant de répondre, le vieux monsieur s'assit et m'invita du geste à en faire autant.

16. — Ainsi, jeune homme, me dit-il, vous étiez à la campagne dans une ferme ; vous étiez cultivateur et vous avez quitté votre état comptant trouver mieux à Paris. — Vous avez eu tort, dix fois tort. Vous ne trouverez rien de mieux

que ce que vous avez quitté, je vous en avertis. — Enfin vous voilà ; — vous me demandez un conseil ; — je ne vous le refuserai pas. — Ne pas obliger quand on le peut, c'est ne pas être honnête homme. Vous voulez travailler et vous avez raison ; — *l'oisiveté, comme la rouille, ronge plus vite que le travail n'use*, dit le bonhomme Richard.

Certes, ajouta-t-il, les métiers ne manquent pas à Paris, il y en a pour tous les goûts et pour toutes les aptitudes ; mais il ne faut pas croire que la plupart soient moins pénibles que celui de cultivateur ; beaucoup exigent une grande dépense de force et de fatigue et dans des conditions bien plus pénibles que celles où l'on se trouve à la campagne. — Il est dur de fondre et de couler le fer, il est dur de le marteler sur l'enclume devant la forge ardente ; il est pénible de tailler les charpentes et de les agencer à de grandes hauteurs au péril de sa vie. Et croyez-vous que ce soit un métier bien agréable que celui du maçon et du manœuvre juchés sur des échafaudages qui peuvent s'écrouler et s'écroulent trop souvent sous leurs pieds ; là tantôt le soleil ardent les grille, tantôt la pluie les mouille, tantôt le vent les fatigue, tantôt le froid les glace. — Et combien de maladies résultent de tout cela !

17. — Voulez-vous être tanneur, corroyeur,

mégissier, boyaudier, fabricant de bleu de Prusse ? vous êtes libre ; mais je vous avertis que vous vous exposez à des émanations de débris d'animaux en décomposition, vous travaillerez dans des lieux humides et infects ; — ne vous étonnez pas ensuite si de bien portant que vous êtes, vous devenez pâle, jaune, maladif, fiévreux. Ce n'est plus l'air des champs que vous respirez là.

Il y en a d'autres qui travaillent la laine, le coton, qui fabriquent des étoffes, et pendant qu'ils travaillent, l'atmosphère autour d'eux est chargée de légers débris, de fins duvets qui volent de tous côtés et qu'ils aspirent, et ces duvets finissent par faire des dépôts dans la poitrine et par donner de graves maladies.

La poussière qui s'échappe des graines et des fécules produit le même effet sur les boulangers, les amidonniers, les bluteurs. — Les garçons boulangers ne vivent pas longtemps, car les fatigues de la nuit, le défaut de sommeil se joignent aux émanations nuisibles pour détruire leur santé.

18. — Les ouvriers sur métaux sont chétifs : ils ont des tremblements dans les membres. Les atomes métalliques si malfaisants pour la santé entrent dans leur corps de toute façon : par la bouche, dans l'estomac et dans les poumons et encore par les pores de la peau. — Ceux qui

emploient le mercure font un métier particulièrement dangereux et qui les rend fréquemment
idiots ou fous.

La fabrication du blanc de céruse tue les ouvriers en quelques années. — Ils ne vieillissent
guère plus dans les verreries où le travail pénible
et l'ardente chaleur les consomment. — Tenez-
vous à connaître la colique du peintre, faites-vous
peintre, broyeur de couleurs, potier d'étain, do-
reur, imprimeur.

Ah ! vous croyez, jeune homme, que c'est une
chose commode et facile que de gagner sa vie
dans les villes. — Vous verrez.

19. — Mais je dois vous prévenir encore que
pour la plupart de ces métiers, il faut faire un apprentissage ; vous ne pouvez arriver tout de suite
à les exercer et à vous faire payer comme un ouvrier expert.

Maintenant, il est vrai que vous pouvez vous
faire tout simplement homme de peine, journalier, terrassier, balayeur de rues. C'est votre ressource si vous ne savez rien faire ; résignez-vous
alors à toutes les corvées les plus pénibles ou
les plus dégoûtantes, et à un modique salaire.

Réfléchissez à tout cela, ajouta le vieux monsieur en se dressant. — Mais ne vous laissez pas
aller au découragement. Je vous reverrai demain ; j'ai encore bien des choses à vous dire
là-dessus.

Et il sortit me laissant triste et pensif.

20. — Le lendemain le vieux monsieur revint selon sa promesse. Il m'offrit sa main et serra la mienne affectueusement. Je me rappelle encore tout le bien que me fit ce témoignage d'amitié. Il s'assit et me dit : Causons encore un peu, jeune homme. — Je vous ai fait entrevoir hier dans quelles mauvaises conditions pour leur santé travaillent généralement les ouvriers à Paris comme dans toutes les villes manufacturières ; mais malheureusement ils ne sont généralement pas dans de meilleures conditions aux lieux où ils ne travaillent pas. D'abord le grand nombre de personnes entassées dans les villes y rend l'air moins bon pour chacun ; et puis il y a beaucoup d'immondices ; les fabriques de tout genre y laissent échapper des vapeurs toujours plus ou moins pernicieuses. En outre les logements des ouvriers se trouvent dans les quartiers les plus malsains des villes ; là sont les rues les plus étroites, les plus tortueuses, les plus sales, les maisons les plus élevées. Là, par conséquent l'air circule avec plus de difficulté qu'ailleurs, là les rayons bienfaisants du soleil pénètrent à peine ; là règnent l'ombre et l'humidité. L'ouvrier est obligé de chercher le logement le moins cher ; les quartiers propres et aérés lui sont donc interdits. Il habite de petites pièces basses et sombres ; il n'y en a quelquefois qu'une pour toute une

famille, père, mère, enfants. — C'est mal clos la plupart du temps ; on y étouffe l'été, on y gèle l'hiver. — Dans quelques villes manufacturières, beaucoup d'ouvriers sont réduits à se loger dans des caves profondes. A cela ajoutez que quelquefois le défaut de temps, et trop souvent l'incurie sont cause qu'il négligent les soins de propreté si nécessaires à la santé. Imaginez donc toutes ces pauvres familles entassées dans des maisons sales, puantes, humides et sombres et dites-moi si c'est là que l'ouvrier peut trouver une compensation aux insalubrités de sa profession.

Souvent encore il n'a pas même une nourriture suffisante et convenable. Quelquefois c'est sa faute ; d'autres fois celle de la misère quand le travail manque ou que le salaire est insuffisant.

Un autre ennemi de la santé de l'ouvrier, c'est l'abus du vin, l'usage de l'eau-de-vie. C'est ainsi que l'ouvrier dépense à se faire du mal l'argent péniblement gagné et qu'il pourrait employer si utilement pour son bien-être.

21. — Sans doute ceci n'est pas général ; sans doute il y a des ouvriers sobres et économes ; mais c'est la faible partie. Les mauvaises fréquentations, l'entraînement des circonstances, l'exemple ont une influence funeste.

Ainsi vous, jeune homme, vous prendrez d'abord de bonnes résolutions. Vous y serez fidèle pendant quelque temps et puis, sans vous en apercevoir, peu à peu, vous finirez par faire comme les autres.

Ceci m'amène à vous parler de la moralité qui est la santé de l'âme. Elle n'est pas souvent en meilleur état chez l'ouvrier que la santé du corps.

Les villes plus que les campagnes sont le séjour du vice. La vie des champs laisse trop en évidence, l'homme vicieux la fuit parce qu'il a intérêt à se cacher, et il cherche la ville ou il se dissimule aisément dans la multitude et où il trouve mieux tout ce qui flatte ses penchants ; — la vie des champs est modeste, c'est ce qui en écarte les orgueilleux ; — elle est simple, ce qui en écarte les ambitieux ; — rude, ce qui en écarte les paresseux. — Tous ces gens-là sont à la ville.

22. — En disant cela, le vieux monsieur ne paraissait pas faire allusion à moi ; mais je ne pus m'empêcher de rougir. Il le vit et comme pour atténuer la peine que j'éprouvais, il posa un moment doucement sa main sur mon bras en continuant : Trouvez-moi donc un atelier où vous puissiez dire qu'il n'y a pas un mauvais sujet, et il ne faut pas beaucoup de mauvais sujets pour gâter les bons ; car généralement autant les uns ont d'audace et de volonté autant les autres ont de timidité et de faiblesse. Les excitations de l'exemple, les railleries des uns, le faux amour-

propre des autres ne tardent pas à les rendre bientôt tous à peu près semblables. — L'ouvrier qui a de bons instincts résiste longtemps, soit ! — à la première fois qu'il cède il se dit : C'est seulement pour ne pas paraître ridicule aux autres ; mais je n'irai pas plus loin. — Triste excuse ; vaine résolution ; *les mœurs sont comme un collier de perles ; — ôtez le nœud, tout défile.*

D'autres, je le sais, sont entraînés par la misère ; la faim est mauvaise conseillère. Ceux-là je les plains ; mais hélas ! faiblesse ou misère, la moralité ne s'est pas moins envolée.

Les mauvaises mœurs mènent à tous les excès, contribuent à ruiner la santé, peuplent l'hôpital et la prison.

— 23. —La misère, vous ai-je dit, mène au mal. Et quel est l'ouvrier qui peut se flatter d'échapper toujours à cette terrible puissance de la misère ? — Quelques-uns, le petit nombre, ont une grande habileté dans leur état ou sont servis par des hasards favorables ; ils réussissent et peuvent arriver par l'économie à une modeste aisance. — Mais la grande masse des artisans n'a qu'un avenir dépendant des circonstances. Le travail et le pain manquent souvent aux ouvriers des villes. Il faudrait pouvoir prélever sur chaque journée de travail la part de la journée sans ouvrage ou de la journée de maladie ; mais est-ce possible quand on ne gagne que tout juste ce qu'il faut pour vivre au jour le jour ?

Les salaires sont plus élevés à la ville qu'à la campagne, oui ; mais les nécessités de la vie sont bien plus coûteuses, les occasions de dépense bien plus nombreuses à la ville. D'ailleurs ne faut-il pas faire entrer aussi dans le calcul les jours de chômage et de maladie.

Réfléchissez encore à une chose : c'est que chaque jour les machines se multiplient dans les fabriques ; vous savez qu'elles font le travail mieux et plus promptement que la main de l'homme. Le nombre des ouvriers nécessaires à l'industrie diminue et ceux que les machines remplacent sont sur le pavé et doivent chercher ailleurs leur vie. — N'est-ce donc pas folie à vous, paysans, d'abandonner les champs qui vous font vivre, pour des métiers qui ne peuvent déjà plus occuper tous leurs ouvriers. Ne vaudrait-il pas mieux, au contraire, que les artisans devenus inutiles dans les villes allassent travailler aux champs ?

24. — Ce n'est pas tout, mon ami, poursuivit le vieux monsieur, songez un peu maintenant à la position de l'ouvrier devenu père de famille. Il faut qu'il nourrisse sa femme et ses enfants et qu'il pourvoie à leur entretien. Ses soucis et ses dépenses augmentent, ses ressources n'augmentent pas. Il avait à peine pour un, il faut que cela suffise à deux, trois, quatre... que sais-je ?

La femme travaille-t-elle?... elle gagne fort peu de chose, car la condition des ouvrières est pire encore que celle des ouvriers dans les villes. — Cependant ne regrettons pas que l'ouvrier se fasse une famille ; — il acquiert par là des sentiments qui le rendent meilleur ; il s'habitue à des jouissances plus nobles, plus douces ; mais à quel prix ? Que d'inquiétudes nouvelles et des plus poignantes ! car les maux, les privations que l'on peut endurer avec courage, quand on les endure seul, deviennent plus pénibles quand on les voit partagés par ceux que l'on aime.

Le foyer est souvent froid en hiver, la femme, les enfants sont mal vêtus, mal nourris. Le père voit bien cela ; il voit leurs traits pâles, tirés, amaigris..... mais qu'y faire ? il voit les yeux de sa femme rongés par les larmes qu'elle veut lui cacher ; — il voit les enfants regarder le pain d'un œil d'envie ; mais il faut bien en garder un peu pour le lendemain.

25. — Et si un nouvel enfant arrive, ce qui est une source de joies pour tant d'autres familles est pour lui un malheur ; oui, un malheur, vous dis-je. Cependant il lui sourit, le serre dans ses bras — ses entrailles de père tressaillent avec amour et en même temps ses yeux se mouillent de larmes, son cœur est navré, car il songe que cette frêle créature vient partager le malheur commun et rogner encore la part déjà si faible des autres.

Et tous ces enfants grandissent étiolés, flétris
par le souffle de la misère et par l'atmosphère mal-
saine des logements où ils passent leurs premières années. Hélas ! au milieu de tant de peines,
peut-on toujours leur donner l'instruction dont
par la suite ils auraient besoin ? On ne songe qu'à
une chose, les faire travailler le plus tôt possible
pour accroître un peu les ressources du pauvre
ménage, et alors on les met en apprentissage, on
les livre tout jeunes encore, chétifs, faibles, aux
influences si souvent nuisibles de professions
industrielles. Là ils useront leur tempérament et
leurs forces avant d'être hommes ; ils subiront
souvent les mauvais traitements de patrons ou de
camarades brutaux. Leur bon caractère s'aigrira,
et en même temps qu'ils perdront le sentiment
de la famille par leur éloignement des parents, ils
acquerront avant l'âge les vices des grands. —
La précocité du vice chez les enfants des villes
est un des caractères les plus saillants de notre
époque.

Que voulez-vous ? les parents n'ont souvent
pas pu faire autrement, hélas ! et ils ne tardent
pas à en gémir, car leurs enfants abandonnent
aussitôt qu'ils le peuvent la maison paternelle et
leur avenir reste livré à tous les hasards.

26. — Vous le voyez, c'est au total une triste
condition que celle de l'ouvrier, même quand il
gagne un salaire quotidien ; mais elle devient hor-

rible quand la maladie le mène à l'hôpital et qu'il laisse au logis femme et enfants sans ressources. — Il y a bien peu de bons moments dans la vie de l'ouvrier ; je ne parle pas des heures passées au cabaret, où, sous l'influence du vin, il se livre à une fiévreuse et fausse gaieté ; —non ; je parle de ces moments où l'esprit est calme, le cœur épanoui, le visage riant et la conscience satisfaite ; il en a bien peu de ces moments-là, l'ouvrier. Ses meilleurs instants sont ceux où il travaille, où il porte attention et intérêt à son œuvre. — *Le travail du corps délivre des peines de l'âme et c'est ce qui rend le pauvre heureux.*

Comme le vieux monsieur achevait ces mots, il se dressa et alors je lui racontai la visite que j'avais faite trois jours auparavant au malheureux qui m'avait demandé l'aumône. Au souvenir de tant de misère, les larmes me vinrent aux yeux.

Le vieux monsieur me prit la main et me demanda aussitôt de lui indiquer où demeurait cet infortuné — ce que je fis, et il ouvrit la porte pour sortir, puis il se retourna et me dit : —Au fait, mon ami, pourquoi ne viendriez-vous pas me voir vous-même ? vous avez de jeunes jambes ; les miennes sont vieilles et votre logement est bien haut.

Il me donna son adresse et partit.

TROISIÈME VEILLÉE

LE PAYSAN

Le lendemain au soir, avant la prière, Daniel ouvrit le troisième manuscrit et lut :

27. — Mon vieux visiteur s'appelait Anselme. — Bien entendu que je ne manquai pas d'aller le voir le lendemain. Il me reçut avec une bienveillance qui me toucha, et, après quelques instants d'entretien sur divers sujets, il poursuivit ainsi la conversation de la veille.

Je vous ai dit jusqu'ici, mon ami, les raisons qui doivent détourner le travailleur des industries qu'on exerce dans les villes ; — je dois maintenant vous dire celles qui sont de nature à engager le cultivateur à ne pas abandonner les champs. — Je suppose que vous n'éprouvez pas d'ennui à entendre tout ce que je vous dis, quoique cela puisse peut-être contrarier un peu vos penchants.

— Bien au contraire, monsieur Anselme, j'éprouve un vif plaisir et un profond intérêt à vous écouter.

— Tant mieux, mon ami. *Qui parle sème ; qui*

écoute récolte, dit un philosophe ancien. Je sème en ce moment afin que vous récoltiez.

28. — Vous qui avez passé jusqu'ici votre vie à la campagne, vous savez aussi bien que moi combien est bon et fortifiant l'air qu'on y respire. Le bon air est la base de la bonne santé. — Sachant tout ce que je vous ai dit des mauvaises influences au milieu desquelles vit l'ouvrier des villes, ai-je besoin de vous dire qu'on se porte mieux à la campagne ? Là, à part quelques cas particuliers contre lesquels on peut toujours se prémunir avec un peu d'attention, point de ces vapeurs nuisibles et fétides qui empoisonnent l'atmosphère des villes. — Parlez-moi, au contraire, du vent qui passe sur les grands bois, entre les pins résineux, ou à travers les longues lignes de peupliers ; comme il vous apporte de la vigueur dans la poitrine. — Parlez-moi de la brise qui caresse la croupe des coteaux et s'y charge des parfums de mille plantes aromatiques ; — et cette bonne odeur qui s'exhale des foins coupés, qui ne la respire avec bonheur ?

29. — C'est que les arbres et les plantes donnent d'excellentes qualités à l'air que nous respirons ; et remarquez combien les plantes et les arbres sont rares dans les villes où ils seraient si utiles.

Regardez-moi les bonnes joues roses et potelées

des enfants du village et de la ferme, un peu halées par l'air et le soleil, mais qu'importe ? Regardez-moi les membres vigoureux des hommes qui labourent, qui fanent, qui moissonnent. Écoutez leur voix forte : — voilà de solides poitrines. — Ils sont un peu lourds peut-être, un peu lents, mais ils sont infatigables. — Ils ont bien rarement cette corpulence exagérée qu'on rencontre dans les villes, qui résulte d'une vie paresseuse ou inactive et qui est toujours une source de malaise et souvent de danger pour l'homme.

Voyez encore la fraîcheur des filles de la ferme, et leur teint brun sous les grands chapeaux de paille. Elles sont vigoureuses comme des hommes. Qu'il y a loin d'elles à ces chétives et pâles femmes d'ouvriers des villes.

Et ce qui vous prouve encore qu'on se porte bien au grand air des champs, ce sont ces nombreux vieillards, hommes et femmes, entourés de deux générations d'enfants qui les respectent et les aiment. — Voilà de vrais vieillards qui ont près de cent ans et se portent très-bien encore. On en voit aussi dans les villes des vieillards, on en voit beaucoup même ; mais ce sont des vieillards de cinquante ou soixante ans et quelquefois quarante seulement ; ils sont vieux, ridés, courbés non par l'âge, mais par l'atmosphère empestée des villes ou par les excès.

Ce n'est pas à dire qu'on ne soit jamais malade

à la campagne ; l'homme n'est exempt d'infir-
mités nulle part, parce qu'il n'est parfait nulle
part ; mais les maladies du paysan sont rares et
généralement faciles à guérir à cause de la vigueur de son organisation.

30 — Sous le rapport de la moralité encore,
l'homme des champs est supérieur à celui de la
ville. D'abord il mène la vie de famille si oubliée
dans les cités; il est constamment entre les
vieillards et les petits enfants. — Vieillesse,
enfance, ces deux extrêmes de la vie appellent
le respect et l'affection pure. Leur compagnie
habitue à la réserve et à la modestie dans les
actes et dans les paroles.

Le paysan se marie jeune, car le mariage
accroît sa puissance et ses ressources en ajoutant d'abord deux bras aux siens, puis d'autres
encore par les enfants. De la maison paternelle,
il passe dans son propre ménage et n'a pas à
traverser cette période d'isolement et d'abandon
à lui-même que traversent souvent les jeunes
gens des villes et qui est si nuisible aux bonnes
mœurs. — Aussitôt marié, les obligations qu'im-
pose le titre de père de famille rehaussent
sa dignité à ses propres yeux, lui inspirent de
nobles préoccupations et une précoce gravité
qui tempère les ardeurs de la jeunesse.

31. — La nature au sein de laquelle le paysan

vit et travaille ne provoque que de saines et bonnes pensées. — L'imposant spectacle des cieux qu'il a constamment sur la tête, l'aspect des champs qui l'environnent et qui sont couverts de plantes utiles, rappellent incessamment l'idée de Dieu et des dons que sa bonté répand sur la terre. L'homme qui travaille la terre sent instinctivement qu'il remplit une mission divine ; il est grave et sérieux.

Il va et vient dans un cercle étroit, voyant peu de monde, et dès lors moins exposé à de mauvaises fréquentations, à de mauvais exemples.

D'ailleurs l'activité incessante que demandent les travaux de la campagne ne laisse pas son esprit oisif s'égarer dans de vaines ou nuisibles imaginations.

32. — Le travail est vraiment béni de Dieu. — Il fait vivre l'homme et le rend meilleur. — Il est la loi providentielle. La Providence, dit un écrivain, a fait les choses nécessaires à la vie telles qu'on ne les a que par le travail et qu'on cesse de les avoir lorsqu'on en use ; afin que ce besoin qui revient toujours oblige à un travail qui dure toute la vie.

Le bonhomme Richard a dit encore : — *La paresse voyage si lentement que la pauvreté l'atteint bientôt.* — Et non-seulement la pauvreté mais le vice aussi.

33. — Toutes les tentations que le luxe des

villes étale, le paysan ne les a pas sous les yeux et n'y songe pas. Ses goûts et ses désirs sont modestes comme son existence ; il trouve à les satisfaire aisément, n'imagine rien au delà et n'ambitionne pas des jouissances qu'il ignore.

Sa nourriture est simple et saine, et a pour principal assaisonnement l'appétit, ce qui fait qu'il n'en prend que ce qui est nécessaire à sa faim. Point de ces stimulants de la cuisine des villes qui provoquent à l'intempérance et font naître la gourmandise.

Ne croyez pas qu'il s'ennuie. — D'abord en a-t-il le temps ? se distraire, pour lui, c'est changer de travail.

34. — Les curiosités des villes valent-elle les merveilles qui entourent le cultivateur ? — Ce spectacle toujours magnifique de la nature ; — tous les aspects splendides et imposants du ciel ; le lever du soleil sur les croupes des collines brillantes de rosée ; son midi au centre de l'azur ; son déclin dans les nuages éclatants ; et la nuit avec sa lune pâle et les lointaines clartés des étoiles ; — et les tempêtes qui chassent les nuées sombres, et la foudre qui les traverse de son trait de feu ?

Cherchez ailleurs qu'aux champs les magnificences de tout génre que les saisons prodiguent ! Où en est-il de plus solennelles que celles de l'hiver avec sa neige, sa glace, son givre, étalés au loin sur le sol et suspendus aux branches dépouillées, ou accumulés sur les rameaux sombres des sapins ? — Où en est-il de plus riantes que celles du printemps ? — *Verdure des blés, senteur des violettes, tournoiement des alouettes, chant des merles, pluie du soleil, vent tiède! lorsque je chante de tels mots*, dit un poëte allemand, *est-il besoin de plus grandes choses pour te louer, jour de printemps!* — Et pour rappeler les splendeurs de l'été, faut-il autre chose que nommer les foins en fleurs, les moissons dorées que balance le vent, les nuits sereines pleines de rosée et du chant des grillons? — Faut-il autre chose pour l'automne que nommer la vigne pliant sous les grappes, dire les riches teintes des feuillages, les feuilles sèches tourbillonnant au vent, la bonne odeur des terres labourées, la voix mâle des garçons aiguillonnant les bœufs de la charrue ?

Et si à ces distractions toujours nouvelles au dehors vous ajoutez celles de l'intérieur, les doux entretiens de la veillée, les jeux, les rires et les caresses des petits enfants, comment le cultivateur envierait-il les plaisirs bruyants et fatigants de la ville ?

35. — Je viens de vous dire, mon ami, que les travaux des champs, réclament une activité continuelle. — Vous le savez aussi bien que moi, les occupations ne manquent jamais au cul-

tivateur d'un bout de l'année à l'autre. Elles se succèdent sans interruption et assurent par conséquent au paysan le travail et le pain dont manque souvent l'artisan des villes. Les femmes plus vigoureuses aux champs partagent fréquemment les travaux de leurs maris, et il n'y a pas jusqu'aux enfants, qui, dès l'âge de sept à huit ans, ne puissent être employés utilement, sans danger pour leur santé ou leur moralité. Chacun ainsi, dans la famille, contribue à accroître les ressources communes.

Si, en général, les salaires sont plus forts à la ville, l'absence de chômage aux champs et la rareté des maladies compensent en résumé la différence ; et si l'on réfléchit en outre que les besoins du paysan sont beaucoup plus bornés, que tout ce qu'il consomme lui coûte moins cher qu'à la ville, — qu'il n'a pas d'occasion de dépense en dehors du nécessaire ; — si l'on songe que le grand nombre d'enfants, qui à la ville est une cause de misère, devient au contraire aux champs une source de prospérité, puisque chaque enfant de bonne heure apporte sa part de gain petite ou grande ; — il devient alors évident que le travailleur a son existence et celle de sa famille bien mieux assurées par le travail de la campagne que par le travail de l'atelier.

36. — Le cultivateur qui possède un peu d'argent ne doit pas davantage se laisser abuser par

cette idée, que son argent lui produira plus à la ville qu'aux champs.

D'abord à la ville il courra beaucoup plus de risques de perte, tandis que l'argent employé à faire valoir la terre, non-seulement n'est jamais perdu, mais encore est placé là à bon intérêt — et ceci est vrai aujourd'hui plus que jamais ; car les améliorations agricoles accroissent la quantité des récoltes, les facilités de communications accroissent la consommation, et une consommation plus grande accroît la valeur des produits de la terre. D'ailleurs la culture des fruits, celle des plantes potagères, celle des plantes à huile, à couleur, à fil, à sucre, procurent des bénéfices comparables aux bénéfices des meilleures industries.

Une remarque à faire encore, c'est que l'existence des villes inspire la dissipation et la prodigalité peut-être à cause du grand nombre d'appâts séduisants qu'y rencontre la faiblesse humaine, tandis que d'autre part l'existence campagnarde inspire l'amour de la propriété et porte à l'économie.

Celui qui travaille la terre pour le compte d'autrui, acquiert promptement le désir de pouvoir bêcher une terre qu'il puisse appeler *sienne*, n'eût-elle que quelques mètres carrés. Alors il travaille avec plus d'ardeur. Aussitôt qu'il a atteint son but ; il trouve son terrain trop petit, songe à l'accroître et travaille de plus belle.

L'économie a d'ailleurs chez le paysan une cause naturelle. Ses travaux lui rapportent plus de denrées que d'argent. Maniant peu d'argent il en estime plus haut la valeur et se montre moins porté à le dépenser.

37. — Nulle part le travail de l'homme n'est autant apprécié qu'aux champs. Là deux bras actifs ont leur plus haute valeur. Or l'activité étant une richesse que l'homme peut trouver en lui-même, il dépend de lui de s'acquérir l'attention et l'estime. D'ailleurs le travail de la terre est à la portée des intelligences les plus ordinaires. — Toutes peuvent y trouver leur emploi; pas besoin d'apprentissage comme dans la plupart des industries.

Le père de famille qui veut assurer l'avenir de ses enfants n'a qu'à leur inspirer, dès leur jeune âge, avec l'honnêteté l'amour du travail : c'est la meilleure dot à la campagne. — Un garçon laborieux et rangé, une fille travailleuse, économe, bonne ménagère, ne seront jamais en peine de gagner leur vie et de s'établir avantageusement.

38. — Après un moment de silence, M. Anselme reprit : — Ai-je besoin de vous dire maintenant, mon ami, la condition qui offre au travailleur le plus de chances de bonheur ? — Je vous ai mis à même d'en juger par vous-même. Je me bornerai à vous répéter un petit conte

arabe que j'ai lu quelque part et qui rentre bien dans notre sujet.

Il y avait jadis à Tunis un Pacha nommé Hamouda. Ce pacha avait un fils qu'il chérissait et qui un jour vint à tomber gravement malade. On appela auprès de lui les médecins les plus habiles du pays; mais tout leur savoir fut impuissant et l'enfant ne guérissait pas. Le Pacha priait Dieu et se lamentait. Un matin un marabout à barbe blanche sé présenta à lui et, ayant dit qui il était et d'où il venait, ajouta : — J'ai entendu parler de la maladie de ton fils et de ta peine profonde ; je viens te faire connaître ce qui peut sauver ton enfant.

Grande fut la joie du Pacha qui embrassa le vieillard et lui promit une riche récompense.

— Prends la chemise d'un homme heureux, dit le marabout, revêts-en ton fils et il guérira.

Ayant parlé le vieillard se retira.

Le Pacha mit aussitôt tous ses ministres en quête d'un homme heureux pour lui demander sa chemise. — On crut d'abord l'avoir trouvé dans la personne d'un riche marchand qui paraissait avoir acquis tout le bien-être possible ; mais il se trouva que cet homme rongé d'ambition ne comptait pour rien tout ce qu'il avait gagné et enviait tout ce qu'il n'avait pas. — Ailleurs on fit rencontre d'un mufti plein de sagesse, ayant de la fortune, la santé et la considération publique. Cet homme eût été heureux s'il n'eût perdu sa femme, ce dont il était inconsolable. — Un autre, c'était le gouverneur d'une ville, qui avait beaucoup de pouvoir, de grandes richesses et selon ses désirs une nombreuse et brillante famille. Que manquait-il à celui-ci pour être heureux ? il lui manquait un peu de sagesse, car la crainte de la mort le poursuivait partout et l'empêchait de jouir de son bonheur.

Or, l'un des ministres du Pacha, en poursuivant ses recherches, traversait un jour le pays des Dattes ; et comme la nuit venait il s'arrêta sur la lisière d'un bois devant une misérable cabane de bûcheron. Il y avait sur la porte une femme qui filait de la laine et auprès d'elle des enfants qui jouaient.

Le ministre demanda et reçut aussitôt l'hospitalité dans la pauvre cabane. Le bûcheron ne tarda pas à rentrer ; sa physionomie respirait le contentement et la bonne humeur. Il accueillit cordialement son hôte et lui offrit de partager son repas. Le ministre accepta et tout en mangeant on causa. Le bûcheron remerciait Dieu de ce que par son travail il pouvait suffire aux besoins de sa famille ; il le remerciait de les tenir tous en santé.

Alors le ministre transporté de joie, se dressa vivement et pressant le bûcheron sur son cœur s'écria : Salut à l'homme heureux que je cherche ! — Ami, le Pacha a besoin de ta chemise. — Hâte-toi de me la donner ; voici mille ducats d'or.

Le bûcheron recula ébahi et muet.

— N'as-tu pas entendu ? dit le ministre.

— Oui bien, répondit le pauvre diable ; — vous me demandez ma chemise. — Je vous la donnerais même pour rien ; mais je n'en ai jamais porté.

IVᵉ VEILLÉE

L'AGRICULTURE.

Le lendemain au soir, avant la prière, Daniel ouvrit le quatrième manuscrit et lut :

39. — Je réfléchis à tout ce que m'avait dit M. Anselme et j'avoue que j'étais ébranlé fortement dans ma résolution de vivre désormais à Paris. L'amour-propre seul m'empêchait de me décider à retourner à la ferme. C'était m'exposer aux plus justes remontrances, à des railleries peut-être. D'ailleurs je ne savais trop quel accueil me ferait mon père irrité ; sa sévérité pouvait me rendre à l'avenir la vie pénible et ma faute confessée par mon retour volontaire et surtout si prompt, devait me valoir, à ce que je supposais, des humiliations journalières.

Je me résolus donc à rester à Paris au moins

pendant quelque. temps et à attendre une occasion qui me permît de rentrer dans la maison paternelle d'une façon moins pénible pour mon orgueil.

M. Anselme, que je revis encore le lendemain. ne me questionna pas plus que les autres jours sur la nature de mes sentiments et sur l'impression que m'avaient faite ses bons conseils. Je lui savais un gré infini de cette discrétion, car je me serais trouvé fort embarrassé de lui expliquer d'une manière honorable pour moi mon désir de ne point reprendre encore le chemin de la ferme. — J'aimais déjà ce bon vieillard du fond du cœur. La douceur de sa physionomie et de ses paroles me pénétrait. Je n'aurais certainement pas pu lui résister s'il m'avait dit : — Il faut retourner...— Mais il n'en avait garde. — Il voulait que cela vînt de moi.

40. — Aussi il revint bientôt au sujet de la veille.

— Quand même, mon ami, me dit-il, la culture de la terre n'aurait d'autre résultat que celui dont je vous ai parlé, rendre l'homme meilleur et plus heureux, en l'écartant des villes, ce serait déjà beaucoup ; — mais ce n'est pas tout et il y a fort à dire sur les bienfaits de l'agriculture ; — aussi je vous avoue que je ne connais pas une profession plus noble et plus honorable.

Elle accomplit, je vous l'ai dit, une mission

divine sur la terre puisqu'elle continue l'œuvre de Dieu qui a mis les germes de toutes les choses utiles dans le sein de la terre. La culture recueille, soigne, développe et multiplie ces germes précieux. Elle en retire des produits de tous genres et les livre à l'usage de l'homme. C'est ainsi qu'elle le nourrit et pourvoit à tous ses besoins.

Par les plantes qu'elle soigne, elle lui donne ce pain de chaque jour que nous demandons à notre Père des cieux, elle lui donne mille autres substances nourrissantes en légumes, racines et fruits ; — les fils de ses vêtements, les bois qui le chauffent et servent à tant d'objets indispensables, les huiles, les couleurs, les résines, le sucre, la guérison dans ses maladies.

Pour lui elle élève les animaux utiles : le cheval, l'âne, le mulet, le bœuf, qui servent de moyen de transport pendant leur vie et laissent des dépouilles plus ou moins précieuses après leur mort : — la vache qui donne le lait et par suite le beurre et le fromage ; — le mouton qui vivant donne sa laine, mort sa chair ; la chèvre qui donne ses chevreaux, son lait aussi, et ensuite son poil ; — la volaille ses œufs, sa chair délicate et ses plumes ; — les abeilles qui produisent la cire et le miel ; — le ver du mûrier qui file la soie.

41. Vous le voyez, l'agriculture est la source

où toutes les industries des villes viennent chercher les matières qu'elles travaillent ; c'est elle
qui donne au commerce tout ce qu'il transporte,
vend et achète. Tous ne travaillent et ne gagnent
leur vie que par elle.

C'est elle qui a préparé le sol où se sont établies les nations. Les plus puissantes, les plus
riches sont celles où l'agriculture a fait le sol le
plus fertile. — Partout où vous voyez des cités
brillantes, et populeuses vous pouvez dire que la
charrue a fait d'abord là son œuvre féconde ;
vous pouvez dire que cette population avec toutes
ses richesses sont les fruits de la culture.

L'agriculture crée la civilisation par ses progrès et sait toujours trouver, dans le sein de la
terre, des ressources nouvelles pour satisfaire
les besoins nouveaux que la civilisation fait
naître.

42. — A l'agriculture nous devons l'amélioration d'une foule de plantes sauvages. — Elle
a métamorphosé la prunelle des buissons en
belles prunes vertes, jaunes et violettes ; elle a
changé la pomme sauvage en reinette parfumée
et le fruit âpre et pierreux du poirier inculte en
beurrés, en doyennés, en saint-germain.

La betterave à l'état de nature ne donne que
des racines grosses comme un fil. Par les soins de
l'agriculteur elle est devenue une masse énorme,
nourriture saine et agréable pour l'homme et les

animaux, et source de la moitié du sucre que nous consommons. — La laitue sauvage ne présente que quelques petites feuilles couvertes de poils et d'une saveur désagréable ; le travail du paysan en a tiré soixante espèces de formes et de goûts différents. — Et le chou, ce légume du pauvre, l'une des plus petites plantes naturelles de nos campagnes, la culture l'a transformé en plus de cent variétés de toutes grosseurs.

43. — Et cependant il est vrai de dire que la profession du cultivateur n'est pas honorée en France comme elle devrait l'être ; — et il faut le reconnaître, le paysan lui-même n'a pas assez le sentiment de sa valeur et de sa dignité. Il accepte avec trop de facilité la place trop modeste que lui assigne injustement l'opinion publique.

Il faut que l'agriculteur ait la conscience de son utilité fondamentale et du rôle providentiel qu'il remplit sur la terre. Sa profession est une sorte de prêtrise ; car si le prêtre sème la parole de Dieu, lui, il sème le pain de Dieu.

Le paysan ne doit pas être humilié de sa peau hâlée, de ses mains calleuses. Ce sont là des titres de noblesse dont au contraire il doit être fier. — Chaque aspérité de ces mains grossières rend témoignage des services qu'il a rendus à son pays, en faisant produire à la terre les matières dont son pays a besoin.

Et il doit d'autant plus s'enorgueillir de sa profession, le paysan, qu'elle est celle qui, de toutes, donne le plus d'indépendance ; — d'indépendance, oui, car toutes les autres ont besoin d'elle et elle a à peine besoin des autres.

44. — Et c'est une bonne et belle chose que l'indépendance ! combien peu en jouissent dans les villes. Le travailleur ne s'y suffit pas à lui-même. — Il est constamment à la merci de celui-ci, de celui-là ou d'un autre ; — à la merci des circonstances, des événements. — Ne croyez pas que le riche soit plus libre avec sa fortune ; il est l'esclave d'une foule de préjugés sociaux, de convenances mondaines, gênantes ou ridicules ; il a pour maître les besoins nombreux qu'il s'est créés, les passions qui le dominent. — Tandis que le paysan sobre de désirs, de goûts simples, ayant peu de besoins et produisant lui-même presque tout ce qui lui est nécessaire n'a pour maître que lui-même. — *Un laboureur sur ses pieds est plus grand qu'un gentilhomme à genoux*, comme dit le bonhomme Richard. — Un Anglais a dit aussi : *La véritable indépendance repose dans ces trois mots : Vivre de peu* — ce qui est très-vrai.

45. — Mais si, en général, l'agriculture en France ne jouit pas de la faveur des villes et des classes riches ; si elle est traitée avec mépris ou indifférence par ceux même qui tirent leur revenu de la terre ; — il ne faut pas que le cultivateur croie que ces sentiments sont ceux de tous..... il ne doit pas adopter cette idée que les esprits éclairés et les gens instruits se sont retirés de lui. Ce serait une grave erreur qui conduirait au découragement et nuirait aux améliorations nombreuses que réclame encore l'agriculture française.

Dans les siècles passés, les hommes qui se sont fait connaître par leur dévouement au progrès des campagnes ont été rares. Parmi eux il faut nommer en première ligne Sully, l'honnête ministre de Henri IV. Il disait hautement que « le labourage et le pastourage sont les deux mamelles de l'Etat ; » et le roi, à qui il faisait partager ses sentiments, voulait que chaque paysan pût le dimanche mettre une poule au pot. Sous ce roi et ce ministre l'agriculture fut protégée, le laboureur heureux, ce qui fut d'autant plus honorable pour l'art du cultivateur que ce roi, Henri IV, a été le meilleur de tous ceux qu'a eus la France.....

46. — A côté des noms de Sully et d'Henri IV il faut que le paysan place dans sa mémoire ceux d'Olivier de Serres et de Claude Mollet. Olivier de Serres a écrit le *Théâtre d'agriculture*, premier onvrage d'agriculture raisonnée publié en France ; — et a propagé la culture du mûrier

et la production de la soie dans toutes les provinces du Midi. Claude Mollet était un habile pépiniériste avec qui Henri IV aimait à s'entretenir et qui enseignait à Louis XIII à planter, greffer et tailler les arbres.

Il faut encore garder bonne mémoire, mon ami, de Parmentier à qui nous devons la pomme de terre, de Daubenton à qui nous devons les moutons mérinos et de bonnes instrutions sur les troupeaux. — Enfin d'autres hommes encore ont consacré leur temps, leur savoir, leur activité à l'amélioration de l'art du cultivateur : Duhamel, l'abbé Rosier, Thouin, Bosc, Yart, Chaptal, Davy, John Sinclair, Thaër et surtout Mathieu de Dombasle. — Beaucoup d'autres encore aujourd'hui suivent ces exemples.

47. — Le paysan doit donc moins que jamais se décourager. La science est activement à la recherche de tout ce qui peut faciliter les travaux des champs et les rendre plus productifs. Déjà l'agriculture est enrichie de beaucoup d'outils nouveaux, de machines perfectionnées ; elle a expérimenté des systèmes nouveaux de culture qui ont doublé les récoltes. Les campagnes sont au début d'une période de succès, si on veut leur appliquer sagement, avec prudence, les inventions et les cultures nouvelles. Les champs que peut-être on a méprisés jusqu'à ce jour parce qu'ils rapportaient peu, peuvent doubler, tri-

pler et quadrupler leurs produits et devenir aussi lucratifs à exploiter que les meilleures industries des villes. — Songez donc qu'à côté de terres qui rapportent 3,000 francs et plus l'hectare, il y en a beaucoup qui ne rapportent que 30 francs ou moins. — Combien d'améliorations à faire dans ces dernières : que de bénéfices à y recueillir ensuite !

Voilà un avenir immense — des travaux pour de longues années, un gain bien légitime et certain pour le cultivateur. C'est donc moins que jamais le moment d'abandonner les champs.

48. — Du reste, la France n'a qu'à prendre exemple sur l'Allemagne, la Belgique, la Hollande, et surtout l'Angleterre.

Dans ces pays il est vrai, l'agriculture est beaucoup plus honorée et plus encouragée que chez nous; leurs populations ont plus de goût pour la campagne que n'en a la population française. — Mais que le cultivateur français soit bien convaincu que la considération et l'estime lui seront acquises en raison de ses succès, — sans parler des bénéfices. Tout cela vaut bien la peine de quelques efforts.

La terre ne donne rien pour rien ; mais elle est juste comme Dieu et elle mesure exactement ses dons au travail et à l'intelligence déployés dans la culture.

Quand cela sera bien prouvé, et c'est au cultivateur à le prouver — alors presque tout l'argent que produit l'agriculture ne s'en ira pas comme aujourd'hui entretenir le luxe des villes — ou se déshonorer dans les spéculations déshonnêtes ; il restera en grande partie dans les campagnes pour rendre plus productives encore les terres cultivées et cultiver celles qui ne produisent rien.

Chacun y trouvera profit et honneur, celui qui cultive comme celui qui fait cultiver.

49. — Les Anglais agissent à l'inverse de nous. Leurs villes ont un aspect pauvre et triste. Ils ne tiennent pas aux belles rues, aux beaux hôtels, aux riches maisons, aux superbes monuments. Les villes sont des agglomérations de fabriques, d'usines, de manufactures. On n'y jouit de rien ; on y travaille seulement, on y fait des affaires dans la fumée et dans la boue. — Un homme d'esprit a dit qu'en Angleterre on balaie les pauvres comme des ordures pour les mettre en tas dans les coins — ce qui forme des villes.

L'argent qu'on gagne dans ces villes, on le porte à la campagne. La campagne c'est le luxe de l'Angleterre, rien n'y doit blesser la vue, rien n'y doit attrister l'âme.

Le propriétaire habite presque toujours sa terre ; il veut que tout soit bien tenu, beau, propre. Les champs labourés, les prairies, les sentiers, les haies, tout est en état parfait d'entretien, aussi bien disposé pour le service que pour le coup d'œil. — Sur d'immenses espaces tous les carrés de cultures spéciales sont environnés de leur clôture; partout de petites barrières en fer ou en bois fermant bien à l'aide de petits loquets ingénieux.

50. — Si nos cultivateurs parcouraient ces champs anglais, ils en croiraient à peine leurs yeux; et combien ils seraient étonnés en visitant les bâtiments de la ferme, de voir l'ordre et la propreté qui règnent partout, dans les étables, dans les écuries, dans les laiteries; — la netteté des rateliers et des mangeoires; le brillant des carreaux de vitre lavés tous les jours.

Il ne faut pas rire de ces soins minutieux. La santé des gens et des animaux y est intéressée plus qu'on ne le croit.

Ce qui prouve combien l'agriculture est prise au sérieux dans ce pays, c'est que la reine elle-même surveille à Osborn une basse-cour dont elle est fière, et le prince Albert, son mari, mort aujourd'hui, dirigeait à Windsor une ferme où naissait et s'engraissait le plus beau bétail du royaume et qui remportait souvent les premiers prix dans les concours.

Il me semble que l'amour-propre des cultivateurs a lieu d'être satisfait de ce que la reine d'une grande nation et le prince, son mari, n'ont pas dédaigné d'abandonner souvent leur royale demeure pour se livrer aux utiles et nobles travaux de la campagne.

Vᵉ VEILLÉE

LE SAVOIR AGRICOLE.

Le lendemain au soir, avant la prière, Daniel ouvrit le cinquième manuscrit et lut:

51. — Quand le jour [suivant, M. Anselme entama de nouveau le chapitre ordinaire, il le fit d'une manière un peu brusque qui me surprit.

— L'orgueil humain est ce qu'il y a de plus incorrigible, s'écria-t-il, comprenez-vous, mon ami?.....

Et il me prit par un des boutons de mon habit; — comprenez-vous qu'il y ait des gens qui, parce qu'ils savent lire et écrire et quelques mots de latin...

Il tiraillait légèrement le bouton.

— Croient, poursuivit-il, au-dessous de leur dignité de mettre la main aux travaux de la campagne? comprenez-vous cela?

Il lâcha le bouton, croisa ses mains derrière son dos et me regarda en face.

Ces paroles tombaient si d'aplomb sur moi, le ton, les gestes de M. Anselme, en les disant avaient quelque chose qui me les rendait si personnelles que je ne pus m'empêcher de baisser les yeux et, je crois, de rougir un peu; car je supposai que l'excellent homme avait deviné mon orgueil.

Mais aussitôt on eût dit qu'il voyait mon embarras et ne voulait pas l'augmenter; car il se détourna en haussant les épaules et en disant : C'est folie !

52. — Il fit un tour dans sa chambre où nous nous trouvions, et puis, me prenant par la main, me fit asseoir auprès de lui sur un canapé.

— Socrate, me dit-il, l'un des hommes les plus sages de l'antiquité, disait : *Il n'y a qu'un bien c'est la science; il n'y a qu'un mal, c'est l'ignorance.* — Instruisez-vous donc; mais pour l'amour de Dieu, ne soyez jamais fiers de votre savoir; car ce que vous savez est toujours bien peu de chose comparativement à ce que vous ignorez. Le vrai savoir est modeste, parce qu'il comprend l'immensité de la science, et l'impossibilité où se trouve l'esprit de l'homme de la posséder tout entière.

Un court moment de silence suivit, pendant lequel je pris en moi-même la résolution de mettre à profit ces paroles. Les quelques jours dé mon séjour à Paris avaient porté des coups rudes et bien sensibles à mon orgueil.

53. — Je crois, mon ami, qu'il n'y a pas de meilleur usage de la science que l'emploi qu'on en peut faire à l'agriculture pour multiplier et améliorer les produits de la terre. La science travaille ainsi à accroître le bien-être des hommes, ce qui est sa vraie mission.

Je me hasardai à faire une observation.

— J'avouerai franchement, monsieur Anselme, que j'ai toujours cru que le savoir n'était point chose nécessaire pour labourer la terre ou planter des choux.

— Et c'est ce que beaucoup s'imaginent, comme vous, mon ami; — et ils sont dans l'erreur. Leurs intérêts en souffrent et ceux de leur patrie aussi; car la culture intelligente qui enrichit les paysans enrichit les nations.

54. — Certainement, mon ami, poursuivit M. Anselme, qu'on peut cultiver la terre sans savoir lire ni écrire; beaucoup de paysans sont là pour le prouver. Ils labourent, sèment, plantent et font les récoltes en temps utile; ils élèvent des bestiaux et les engraissent, ils ont vu faire cela par leurs pères ou d'autres, et ils font de même. — Ils font tout simplement du métier; — ils ne raisonnent rien, ne cherchant à se rendre compte de rien. Ce sont des machines exact. et régu-

lières, voilà tout. — Sans doute le paysan acquiert à la longue l'expérience de bien des choses ; il a remarqué que, dans telle circonstance, telle culture ne réussit pas ; que, dans telle autre circonstance, telle autre culture réussit ; il a pris note de ces faits dans sa mémoire et, à l'occasion, ses souvenirs lui sont utiles pour répéter ce qui a déjà produit de bons résultats, éviter ce qui en a donné de mauvais. — C'est ainsi que le paysan exerce passablement son métier à l'aide des observations que lui a léguées son père et de celles qu'il a faites lui-même. — De cette façon le paysan vit ; mais il n'améliore ni sa position ni sa terre ; heureux quand il n'empire pas l'une et n'épuise pas l'autre.

55. — Maintenant imaginez un autre homme qui possède non-seulement l'expérience de son métier, mais encore la science — un homme qui sait ce qui manque à son terrain pour le rendre bon, un homme qui sait pourquoi une plante réussit et pourquoi une autre ne réussit pas ; — un homme qui n'adopte une manière de faire, — qu'après l'avoir étudiée et comparée aux autres manières de faire ; un homme qui raisonne tout ce qu'il fait et se rend compte de ses succès et de ses insuccès ; — enfin un homme qui n'acceptant rien aveuglément, ne craint pas de modifier de faire des essais pour améliorer : — imaginez cet homme-là, et dites s'il n'a pas vingt fois plus de chances de faire sa fortune que l'autre.

56. — Voyez donc le tort que font aux champs, à eux-mêmes et à la fortune du pays, les jeunes gens de la campagne qui, étant intelligents et ayant reçu quelque instruction, trouvent les champs indignes d'eux et accourent dans les villes. En restant dans la campagne, ils se seraient trouvés en état de corriger bien des choses aux habitudes des paysans; — de leur faire comprendre les perfectionnements dans les instruments d'agriculture et dans la manière de cultiver. — Ces jeunes gens nés dans le pays, connus par eux-mêmes et par leurs familles, auraient beaucoup plus d'autorité que des étrangers pour faire accepter à leurs compatriotes des changement utiles. Le paysan est attaché aux vieilles coutumes. Il est défiant; il ne croit pas que les gens des villes puissent lui donner de bons conseils pour les terres, d'ailleurs — il les repousse systématiquement par amour-propre de métier.

Il n'aurait pas les mêmes raisons pour suspecter et repousser les avis de ceux qui, bien connus d'eux, paysans comme eux, seraient les premiers à pratiquer ce qu'ils conseilleraient.

57. — Voyez, jeunes gens des campagnes, combien vous pouvez rendre d'utiles services d'abord en vous instruisant, ensuite en restant chez vous.

Le savoir vaudra pour vous de l'argent; car la confiance qu'il vous sera facile d'inspirer par votre instruction vous fera rechercher par tous.

Votre assistance sera considérée comme précieuse par chacun. Vous aurez du travail et du bon travail bien payé, plus que vous n'en pourrez faire ; et alors si vous savez être économes, vous aurez bientôt de l'aisance et ne serez point inquiets sur l'avenir de votre famille, quelque nombreuse qu'elle soit.

58. — En Angleterre, ce pays modèle de l'agriculture, les hommes qui s'occupent de culture sont généralement instruits et éclairés. Tous les fermiers se tiennent au courant des progrès de la Chimie, de la Botanique, de la Mécanique. Certes vous ne soupçonniez pas que ces sciences fussent utiles au cultivateur ; puisque vous avez toujours vu cultiver sans leur secours. — Mais il y a cultiver et cultiver. — On fait une chose ou mal, ou médiocrement, ou bien. — Les fermiers anglais tiennent à faire bien ce qu'ils font et ils recherchent toutes les connaissances nécessaires pour faire bien.—Aussi, je vous le dis, l'agriculture les enrichit tous, tandis qu'elle vous fait vivre à peine ou ne vous donne que de minces bénéfices.

59. — Étudiez donc, enfants de la campagne. Ne comptez pas pour perdu le temps que vous passerez à lire un bon livre, ce temps fût-il même dérobé au travail de la terre. Ce livre vous mettra à même de rendre plus tard à la

terre par la science bien plus que vous ne lui aurez dérobé. Lire, ce n'est pas ne rien faire, comme sont trop portés à le penser les gens qui font une rude besogne de leurs mains ; lire pour vous, c'est récolter des idées qui vous mettront à même de récolter du grain. — *Un bon livre est le meilleur des amis*, dit un proverbe oriental, *il ne révèle pas vos secrets; il vous enseigne la sagesse.* — Et l'étude des bons livres a pour avantage principal de chasser de l'esprit les préjugés qui troublent la vie.

60. — Ces sciences que connaissent les fermiers anglais et dont on connaît à peine les noms dans les campagnes françaises sont en effet, mon ami, d'une grande utilité au cultivateur.

La Mécanique lui apprendra à employer le mieux possible les outils, instruments et machines dont l'agriculture fait usage; — il pourra les simplifier, les perfectionner, en multiplier les emplois. La mécanique lui indiquera les moyens de ne rien perdre des forces dont il dispose, bras d'hommes, courants d'eau, animaux. La Mécanique enfin lui apprendra le travail plus prompt, plus parfait et moins coûteux.

La Botanique lui fera connaître les plantes, la manière dont elles s'accroissent et se multiplient, les conditions où chacune d'elles prospère, l'utilité de chacune et enfin les avantages que peut procurer sa culture.

61. — La Chimie est une source de connaissances particulièrement précieuses pour l'agriculteur. C'est l'étude des combinaisons de la nature. — Par elle le cultivateur connaît toutes les parties du sol qu'il travaille et apprend à en corriger les défauts; il apprécie la valeur des matières qui, mélangées à la terre, peuvent lui procurer des qualités. — La Chimie enseigne ce qu'il y a dans les engrais; lesquels sont bons à telles plantes, lesquels à telles autres; et la meilleure manière de les employer dans les diverses circonstances.

La Chimie apprend à purifier les lieux malsains et à corriger tout ce qui peut être nuisible à la santé des hommes et des animaux ; — elle apprend à connaître les qualités bonnes ou mauvaises des eaux qui jouent un si grand rôle en agriculture. — Elle fait connaître quelles plantes sont plus nutritives; lesquelles conviennent mieux à tels animaux, lesquelles sont d'une culture préférable selon les ressources qu'elles renferment pour l'industrie.

La Chimie fait connaître ce qui peut guérir les maladies des végétaux et des animaux; — elle préside à la bonne fabrication du beurre et du fromage, du vin et du cidre ; à la conservation des aliments.

62. — Mais ce n'est pas tout encore. Le cultivateur doit étudier les influences de l'air et du

soleil dans le pays où il se trouve. La sécheresse ou l'humidité du climat, les brumes, les pluies, les vents habituels de la contrée ; la température de l'été, celle de l'hiver sont autant de circonstances dont il doit pouvoir prédire les effets sur le sol et sur les cultures pour régler sa conduite en conséquence.

Il y a encore à étudier, en même temps que la nature des terrains, leur inclinaison au nord ou au midi, au levant ou au couchant, pour apprécier l'action des rayons du soleil sur chacun d'eux, afin de semer en chaque endroit les plantes qui s'accommodent le mieux et du sol et de l'exposition.

Il faut connaître aussi les eaux du pays, leur cours, leur volume. Cela intéresse les irrigations, l'élève du bétail, les soins de propreté.

63. — Une terre à exploiter n'est pas une chose isolée ; car elle subit des influences de tout ce qui l'entoure ou la domine. Il faut donc considérer par avance les effets de ces influences pour régler la pratique selon les cas.

Le cultivateur doit avoir encore l'esprit d'observation et de calcul, le jugement droit pour tenir compte d'une foule de circonstances accessoires qui peuvent faire réussir ou manquer ses entreprises.

Les voies de communication, leur nombre, leur état, leurs aboutissants doivent être l'objet

de son attention toute particulière. De bons che·
mins sont l'une des nécessités premières de l'a-
griculture ; le cultivateur ne doit jamais refuser
de contribuer à les multiplier ou à les améliorer,
soit par son argent, soit par son travail. Les bons
chemins sont pour l'agriculture ce que le cheval est pour la charrette. Ils apportent commo-
dément à l'exploitation tout ce dont elle a besoin,
ils facilitent le travail journalier et emportent à
meilleur marché les produits du sol destinés à la
vente.

Il faut que le cultivateur étudie les besoins de
la population au sein de laquelle il se trouve ;
car les genres de cultures doivent varier selon
que l'on est rapproché ou éloigné de grandes villes, selon la condition heureuse ou indigente du
pays, selon ses habitudes et son genre d'industrie.

Il est utile encore de connaître les lois civiles
qui se rapportent à l'agriculture.

Eh bien ! mon ami, je suppose que maintenant
vous considérerez avec un peu plus de respect et
d'estime la dose de savoir nécessaire à l'homme
des campagnes.

64. — *Tant vaut l'homme, tant vaut la terre !*
— Aussi la terre est belle, riche et productive,
quand le cultivateur est instruit et qu'il joint à
son instruction les bonnes mœurs, la loyauté, la
prudence, la persévérance, l'activité et l'esprit
d'ordre qui engendre l'économie.

Je vous souhaite tout cela, mon ami, et votre fortune est faite.

Certes, ce n'est pas le champ qui manque pour utiliser cette instruction et déployer ces qualités, puisque la France sur environ 53 millions d'hectares d'étendue en a 7 millions et deux cent mille en landes, marais, tourbières, bruyères, terres vaines et vagues.—C'est-à-dire qu'un huitième de la surface du pays est inculte. — Et on peut ajouter que les trois quarts de la partie cultivée ne produisent pas la moitié de ce qu'ils pourraient produire, par défaut de savoir chez le paysan. Voilà donc bien des ressources perdues qui enrichiraient les uns et feraient mieux vivre les autres.

65. — Tout ce que me disait M. Anselme me promenait d'étonnement en étonnement. — Je n'avais jamais considéré le cultivateur autrement que comme un homme qui laboure et sème en automne ou au printemps, et récolte en été la moisson mûre. — Toute la science agricole, pour moi, avait résidé jusqu'à ce jour dans la force des bras.

J'entrevoyais tout d'un coup la grande mission et l'immense utilité de l'agriculture, le noble caractère de l'agriculteur dans sa simplicité.—Mille souvenirs des champs logés dans ma mémoire et qui, jusqu'à ce jour, n'avaient eu pour moi aucune valeur, me revinrent alors en foule, tous parés d'un charme que je ne leur soupçonnais pas. — La bonne odeur des foins coupés et la chanson du petit oiseau de la route, qui, lors de mon départ m'avaient laissé une impression sympathique, s'offrirent encore à mon esprit et il me semblait me voir seul sur le chemin, assis auprès de mon petit bagage à l'ombre de l'arbre sur lequel l'oiseau chantait.

66. — Je me considérais ainsi moi-même par la pensée comme si j'eusse été un autre — et en effet j'étais un autre. — Je n'étais plus celui qui était parti de la ferme. Oh! non! quel changement! — Ce Jean qui s'était mis en route pour Paris, je le prenais en pitié, j'étais humilié pour lui en considérant tous ses torts d'intelligence et torts de cœur.

J'avais les larmes aux yeux en songeant à toute l'ingratitude dont il avait fait preuve envers son père; et ce père m'apparaissait avec sa noble figure ridée par l'âge, le travail et la pensée. Je le voyais souffrant pour moi...

Toutes ces images et ces réflexions se pressaient dans ma tête tandis que je rentrais chez moi en quittant ce bon M. Anselme.

Je passai une soirée des plus tourmentées. — Enfin je pris une résolution.

VIᵉ VEILLÉE.

LÁ ROUTINE.

Le lendemain au soir, avant la prière, Daniel ouvrit
le sixième manuscrit et lut :

67. — Le lendemain quand j'entrai chez M. Anselme, l'excellent homme remarqua aussitôt que
j'avais la figure fatiguée. En effet j'avais à peine
dormi et je me trouvais en proie à une agitation
nerveuse.

— Qu'avez-vous? me dit-il.

— Je suis malheureux, Monsieur.

— Malheureux? — *Il n'y a pour l'homme
qu'un vrai malheur*, dit la Bruyère, *c'est de se
trouver en faute et d'avoir quelque chose à se re-
procher.*

— Précisément, monsieur Anselme, c'est là
mon malheur.

— Et bien, mon ami, un écrivain anglais,
Pope, a dit *qu'un homme ne doit jamais rougir
d'avouer qu'il a eu tort, parce qu'en faisant cet
aveu, il prouve qu'il est plus sage aujourd'hui
qu'hier.*

— Aussi je l'avoue, monsieur Anselme.

68. — Et alors je parlai de la ferme, de mon père, des idées fausses qui m'avaient fait prendre la détermination de venir à Paris. Je racontai ce qui s'était passé en moi depuis mon arrivée dans la grande ville et du changement qui, grâce à **M.** Anselme, s'était opéré dans mon esprit.

— On a dit avec raison, mon ami, vous pouvez le reconnaître vous-même, que la plupart des peines n'arrivent si vite que parce que nous faisons la moitié du chemin. — Vous me semblez même, en cette circonstance, avoir fait tout le chemin à vous tout seul. — Mais *la pensée console de tout et remédie à tout*, comme dit Chamfort. Vous avez, je le vois, beaucoup réfléchi. Qu'avez-vous résolu?

— De retourner à la ferme de mon père.

M. Anselme me prit la main et me la serra affectueusement.

— C'est bien, mon ami, je vous approuve; votre père sera heureux de votre retour.

— Il doit être irrité, peut-être me recevra-t-il mal? mais qu'importe, je suis décidé.

— Et quand partirez-vous?

— Le plutôt possible.... après-demain pour passer encore une journée avec vous, **M.** Anseme, vous qui avez été si bon pour moi.

Il hocha la tête et me dit : Eh bien, demain vous viendrez dîner avec moi ; — vous verrez des personnes de votre connaissance.

J'eus l'air étonné ; — je ne connaissais que lui

à Paris. — Il sourit et ajouta : — Vous verrez.

69. — Le lendemain je trouvai chez M. Anselme un homme et une femme en costume d'ouvriers mais très-propre. La femme tenait un enfant dans ses bras. — En entrant je vis tous les regards fixés sur moi et toutes les physionomies heureuses et souriantes. — Après une courte indécision je reconnus la malheureuse famille que j'avais visitée dans sa triste mansarde et à laquelle j'avais été assez heureux pour pouvoir porter secours.

L'ouvrier et sa femme vinrent à moi le cœur épanoui; l'un me serra la main, l'autre me présenta son enfant qui ne pleurait plus, la pauvre créature, car il ne souffrait plus. — Ils me dirent que M. Anselme à qui j'avais donné leur adresse s'était empressé de les venir voir et que grâce à lui ils étaient sortis de la peine.

M. Anselme, qui n'aimait pas qu'on fît son éloge, coupa court à la conversation en nous faisant mettre à table.

70. — Pendant le repas on parla beaucoup de la condition du paysan et de celle de l'artisan des villes, et M. Anselme fit ressortir encore tous les avantages de l'existence du premier en louant fort la résolution que j'avais prise de retourner à la campagne.

L'ouvrier, qui se nommait Antoine, et sa femme appuyèrent le dire de M. Anselme et nous fournirent une foule d'exemples des misères de tout genre auxquelles est exposé le travailleur des villes et exprimèrent leurs regrets de ne s'être pas trouvés engagés dès leur enfance dans la carrière de l'agriculture.

Enfin nous nous quittâmes et M. Anselme me promit d'être le lendemain matin de bonne heure à la diligence au moment de mon départ.

71. — En effet, il s'y trouva et je ne fus pas peu surpris au moment où j'allais lui faire mes adieux, de l'entendre me dire : — Ce n'est pas la peine, mon ami, je monte en voiture avec vous, j'avais précisément un petit voyage à faire de ce côté-là. — Je profite de l'occasion.

Je fus ravi et le remerciai.

Arrivés à l'endroit où je quittais la voiture pour finir à pied le reste du trajet jusqu'à la fer-me, — M. Anselme descendit aussi et me dit : — Je vous accompagne encore, je vais du même côté que vous.

Je le regardai avec surprise. Il se mit à rire en se frottant vivement les mains : — J'espère que cela ne vous contrarie pas? ajouta-t-il.

— Oh! grand Dieu! non, bien au contraire.

— Eh bien! allons,—l'air de la campagne me redonne des jambes.

Nous nous mîmes en route.

— Mais, lui dis-je tout en cheminant, puisque vous passez si près de la ferme, j'espère que vous voudrez bien vous y reposer et voir mon père.

— Je ne dis pas non, mon ami — c'est assez singulier, hein ? que j'aie eu précisément à venir par ici.

Il y avait une si riante bonté sur la physionomie de l'excellent homme, que je commençai à entrevoir sous sa démarche quelque chose de plus qu'un effet de hasard.

72. — En passant devant l'arbre sous lequel je m'étais reposé lors de mon départ et où le petit oiseau avait chanté, je racontai à M. Anselme ce petit incident et lui avouai que mes sensations actuelles me donnaient bien plus de satisfaction que celles que j'avais ressenties alors.

— Je le crois bien, me dit-il; si l'on voulait toujours écouter sa conscience avec bonne foi et suivre ses conseils sans restriction, on ferait moins de sottises.

Plus loin je lui montrai les prés fauchés dont les foins m'avaient paru si embaumés.

Je pressais le pas, j'avais hâte d'arriver, et cependant mon cœur battait dans l'incertitude de l'accueil que me ferait mon père; car je sentais profondément toute l'ingratitude de ma conduite passée.

Du plus loin que je vis la ferme, je me sentis suffoqué. Des larmes me vinrent aux yeux. Je saluai de l'œil tout ce que je revoyais comme de vieux amis qu'on retrouve. — M. Anselme ne disait rien et me laissait à mes émotions.

73. — Nous arrivâmes à la ferme en suivant une rangée de saules le long d'un ruisseau.

Nous entendîmes la voix de mon père dans la grande salle. — Je vais préparer votre arrivée, restez-là, — me dit M. Anselme en me faisant arrêter contre le mur à quelques pas de la porte. — Je le laissai faire sans rien dire. — Il entra.

Quelques secondes après, j'entendis mon père s'écrier :

— Quoi! c'est toi, mon vieil ami.

— Comme tu vois, — répondit M. Anselme. Ils s'embrassaient cordialement.

— Et quel heureux hasard t'amène? dit mon père.

— Ton fils, mon ami, que tu m'as recommandé.

— Je te l'ai recommandé; mais je suis irrité contre lui, — il s'est mal conduit. — Pas de cœur! pas de raison! et que fait-il?

— Il se repent.

— Déjà! c'est bien! il faut que les regrets et la peine lui servent de leçon.

— L'indulgence, mon ami, est la vertu la plus nécessaire parmi les hommes; c'est la plus douce pour un père à exercer vis-à-vis de son enfant.

74. — En écoutant, je compris que tout ce que

j'avais attribué au hasard dans ma connaissance avec monsieur Anselme, était tout simplement dû à la bonté de mon père et à l'excellent cœur de son ami. — J'étais pénétré de honte et de reconnaissance, et, comme l'enfant prodigue, je vins tomber aux genoux de mon père.

Son cœur n'y put tenir ; il me releva et les yeux humides, m'embrassa.

Dire ma joie à partir de ce moment serait difficile, j'allais et je venais, entrant partout : visitant tout comme si j'eusse quitté la ferme depuis vingt ans. J'embrassai tous ceux que je rencontrai.

— Vous v'la donc redevenu des nôtres — me disait chacun. — Vous avez bien fait, M'sieur Jean.

Le petit chien tournait autour de moi fou de joie. — Il jappait et me sautait dessus. Je lui rendis avec bonheur ses caresses. — Je rencontrai l'âne dans la cour et fus tenté de l'embrasser entre ses deux longues oreilles; je me plaçai devant lui, — lui parlai, — et j'étais persuadé qu'il me reconnaissait et me comprenait.

75. — Combien le calme et le bonheur de la conscience satisfaite donnent du charme à toutes les choses de la vie !

A partir de ce jour, autant j'avais été indifférent par le passé à tout ce qui se faisait dans la ferme, autant j'y pris goût et intérêt.

M. Anselme était fréquemment auprès de moi et me donnait en tout des preuves de son grand savoir dans les choses de la campagne. Je l'écoutais et m'instruisais en l'écoutant.

Il m'emmenait quelquefois dans le voisinage voir ceci et cela ; tout lui donnait lieu de me faire des observations utiles et des recommandations sages.

Je pris alors l'habitude d'écrire le soir ce que j'avais appris de sa bouche dans le courant de la journée et plus d'une fois je me suis applaudi d'avoir ainsi constamment gardé souvenir de ses bons conseils.

76. — Un jour en allant ainsi à travers champs, nous rencontrâmes un vieux paysan qui labourait avec une charrue à roues attelée de quatre chevaux.

— Bonjour, mon camarade, lui dit M. Anselme, — vos chevaux me paraissent avoir grand'peine.

— C'est la vérité ! Monsieur, dit le laboureur ; c'est qu'aussi la terre est forte ici, et je veux creuser profond. — Mais v'là l'heure de manger un morceau et les bêtes vont se reposer.

En effet arrivé au bout du sillon, il détela, donna à manger aux animaux à l'ombre d'un arbre, et s'asseyant lui-même sur une grosse pierre, retira du pain, du fromage et des noix de son bissac, et se mit à déjeuner.

—Il me semble, dit M. Anselme, que pour creuser profond surtout dans une pareille terre, mieux vaudrait la charrue sans roues qui demande bien moins de force que l'autre pour faire le même ouvrage; — de sorte que ou bien vous pourriez économiser deux bêtes sur quatre; ou bien avec quatre vous iriez beaucoup plus vite et vous les fatigueriez moins.

Le paysan jeta sur M. Anselme un regard de travers et dit froidement : — Mon grand-père et mon père qui s'y entendaient ont fait ainsi : je fais comme eux.

— J'aurais parié que vous alliez me répondre cela, reprit M. Anselme. — Voilà la routine, l'ennemie du progrès et qui porte tant de tort à notre agriculture.

77. — Il y a trois cents ans, ajouta-t-il en se tournant vers moi, il y a trois cents ans qu'un naturaliste, Pierre Beloie, disait : « *Faute de savoir, la culture est reprochable;* » — nous pouvons le dire encore et même y ajouter : *faute de vouloir.*

Alors M. Anselme s'adressa de nouveau au paysan. — Eh bien! vous êtes dans l'erreur, mon camarade : je vous dis, moi, que vous faites un peu mieux que votre grand-père et que celui-ci a fait un peu mieux que son père et toujours ainsi de fils en père. Seulement, tous ces mieux ont été petits, parce qu'ils ne sont pas venus par le raisonnement, mais par la force des choses et sans qu'on y prît garde.

Le paysan regardait M. Anselme avec quelque surprise.

— Je n'ai point idée, dit-il, d'avoir rien fait autrement que feu mon père.

— Eh bien, moi je vous dis que les charrues de votre père n'avaient pas ce versoir en fer et ainsi tourné; c'était, je gage, une simple planchette de bois.

— Ça, c'est vrai, Monsieur.

— Et si vous avez adopté ce versoir, reprit M. Anselme, c'est que sans doute vous l'avez reconnu meilleur en le voyant fonctionner chez un voisin. — Vous voyez donc bien qu'on peut faire mieux un versoir; on peut faire mieux un soc et enfin une charrue tout entière et bien d'autres instruments encore.

78. — Gageons encore, mon camarade, si vous vous rappelez les cultures de votre enfance, qu'alors les champs n'étaient presque tous occupés que par les récoltes de grains, blé, orge, seigle, avoine, bien peu d'autres plantes avec, et vos prés n'étaient que les herbes que la nature fait pousser dans les terres humides. Vos bestiaux étaient rares et maigres. — Aujourd'hui vous avez moins de terres semées en grains, et cependant il y a beaucoup plus de grains; vous avez une foule d'autres bonnes cultures, maïs,

betteraves, pommes de terre, carottes, topinambours, colza, navette, pois, lin et bien d'autres; — vous avez à volonté des prés magnifiques de luzerne, de sainfoin et de trèfle et qui nourrissent des animaux dix fois plus nombreux et bien plus beaux. — Vous voyez donc bien que si on a de meilleurs instruments aujourd'hui qu'autrefois, on a aussi de meilleures cultures et de plus grandes ressources dans les bestiaux.

79. — Eh! mon camarade, si chaque paysan n'avait jamais voulu faire que comme son père, où en serions-nous? Au lieu de tirer votre pain de la terre avec une charrue plus ou moins bonne, vous n'auriez pour vivre que les glands des bois. — Réfléchissez. — Le bon Dieu en créant l'homme n'a pas mis à côté de lui une bêche, une charrue, une herse toutes faites. — Le premier qui a imaginé de cultiver la terre a dû inventer d'abord l'instrument le plus simple, un simple pieu de bois, peut-être; — l'instrument de fer sera venu plus tard, et s'est peu à peu transformé en bêche; — et pour tirer parti de la force des animaux, la charrue a été imaginée simple et mauvaise d'abord, puis meilleure avec le temps. — Rien, dans ce monde, ne se fait bien tout d'un coup. — Les idées des enfants se joignent aux idées des pères, et c'est ce qui fait le progrès.

Ne dites donc pas : Je veux faire comme mon père et rien de plus.

80. — Savez-vous tout le mal qu'a fait en agriculture la routine, cet entêtement qui porte les paysans à ne rien vouloir essayer de mieux que ce qu'on a fait autrefois?

Vous savez qu'une terre s'épuise bientôt à produire constamment les mêmes plantes ; il n'est donc pas étonnant que les paysans des siècles passés, continuant toujours les mêmes cultures que leurs pères sur les mêmes terrains, aient vu peu à peu leurs récoltes diminuer, d'autant plus qu'ils avaient peu d'animaux, et dès lors peu d'engrais pour rendre à la terre sa fertilité. — Il en résultait des famines horribles, et cependant la population de la France était moindre de moitié comparée à celle d'aujourd'hui. Les récits qui nous restent de ce temps-là nous disent que les pauvres des villes mangeaient, comme des pourceaux, un peu de son détrempé dans de l'eau, et ramassaient dans les ruisseaux les ordures qu'on y jetait ; — ils nous disent que, dans les campagnes, les pauvres étaient réduits à pâturer l'herbe et les racines des prés, et qu'on rencontrait sur les chemins et dans les champs des femmes et des enfants morts, la bouche pleine d'herbe. — C'était là l'œuvre de la routine. Il y a cent ans à peine, la Normandie ne vivait presque que d'avoine ; la Lorraine et l'Auvergne ne mangeaient que du lait et du blé noir, le Limousin se nourrissait de raves et de châtaignes, et presque nulle part le paysan ne touchait au pain de froment.

81. — Oh ! ne dites jamais : Je veux faire comme mon père et rien de plus, — quand on vous parle d'un changement et d'une amélioration dans vos cultures ; — car c'est dans votre intérêt et dans l'intérêt de tous que vous cultiverez mieux. — Que vous coûte-t-il d'écouter et d'essayer ? Savez-vous bien que si tous les cultivateurs qui vous ont précédé avaient toujours dit : Non, je ne veux rien de nouveau, — vous n'auriez aujourd'hui, vous, ni blé, ni seigle, ni orge, ni avoine, ni maïs, ni vigne, ni lin, ni chanvre, ni plantes à huiles et à couleurs, ni le mûrier à soie ? vous auriez à peine quelques légumes et quelques arbres à fruits sauvages. Pourquoi ? me direz-vous. Tout simplement parce que ces plantes sont d'origines étrangères, et si, quand on les a apportées chez nous, les paysans avaient dit : Nous n'en voulons pas parce que nos pères ne les avaient pas, — vous n'en jouiriez pas aujourd'hui.

82. — Certes vous connaissez bien la pomme de terre, ce pain tout fait que Dieu nous donne et qui a sauvé la France d'une famine complète dans les années de disette 1793, 1816 et autres ! vous savez quelle précieuse ressource la pomme

de terre est pour vous et pour tous, puisqu'elle fournit à elle seule la sixième partie de la nourriture du pays. Mais ce que vous ne savez pas peut-être, c'est que celui qui en a fait cadeau à la France, Parmentier, a été pendant longtemps l'objet des haines et des colères des routiniers comme vous; et cet homme généreux et persévérant n'est arrivé à faire accepter peu à peu son cadeau qu'à force d'adresse et de courage, et au péril de sa vie.

—Mangez des pommes de terre, maintenant, hommes de la routine; — vous mangez votre condamnation.

83. — C'est ainsi que de tout temps il y a eu, heureusement pour nous, des hommes éclairés et intelligents qui nous ont fait du bien malgré nous.

Leur nombre est beaucoup plus grand aujourd'hui; aussi les perfectionnements de tous genres se multiplient et se répandent beaucoup plus facilement qu'autrefois; mais n'est-il pas pénible de voir que, parmi toutes les nations d'Europe, la France est l'une des dernières à marcher dans le chemin de la bonne agriculture?

Dans plus de la moitié de notre pays, quand on parle à un paysan d'un instrument nouveau, d'une plante nouvelle, d'une manière nouvelle de cultiver, il vous regarde comme un beau parleur, se défie de vos paroles et ne se donnera pas la peine de faire dix pas pour aller voir si ce qu'on lui dit est vrai.

Cependant le paysan tout le premier a intérêt aux inventions qui facilitent le travail et en multiplient les produits. L'agriculture bien faite diminue le nombre des mauvaises récoltes et augmente le nombre des bonnes. — Une mauvaise année peut enlever jusqu'à 45 jours de vivres à la France, une bonne année donne jusqu'à 50 jours de vivres en sus de l'ordinaire. — Certes la chose vaut la peine qu'on y songe.

84. — Ne faites donc pas la sourde oreille quand on vous parle de charrues perfectionnées, de herses, de semoirs, de machines à biner, à moissonner, à battre le blé, à broyer le lin, à teiller le chanvre ; — écoutez quand on vous annonce que tels engrais fabriqués dans les villes sont bons ; — écoutez aussi ceux qui vous disent qu'il n'est pas nécessaire de laisser chaque année une partie des champs en friche pour leur rendre leur fécondité. Écoutez-les, — ils vous apprendront que certaines plantes cultivées sur un terrain aussitôt après une récolte de blé, loin d'appauvrir la terre, l'enrichiront pour une nouvelle récolte de blé ; et alors votre terrain sera constamment occupé tout entier à produire quelque chose. — Écoutez-les, ils vous apprendront à améliorer vos terres ; ils vous diront les meilleures manières

de les fumer, de semer, de faire les récoltes et
de les conserver.

85. — Et si vous entendiez dans la bouche de
ces gens-là quelques mots nouveaux, loin de
hausser les épaules, questionnez. *Il ne faut pas
avoir honte de demander ce qu'on ne sait pas*, dit
un proverbe persan. —

Rappelez-vous la pomme de terre dont on ne
voulait pas entendre parler et qui, peu rancunière,
a été depuis si bienfaisante pour nous.

Il y a aujourd'hui des gens bienveillants et
instruits qui sont jaloux de la gloire de Parmentier
et veulent faire comme lui. Ils nous cherchent
dans les pays étrangers des plantes et des animaux utiles et nous ont apporté déjà : *l'igname*,
sorte de pomme de terre de la Chine ; — des
pois à huile, le *sorgho* qui peut servir de fourrage, qui donne du sucre, de l'alcool, des tein-
tures rouge et jaune et des fils dont on peut faire
un bon papier ; — le riz sec ; le *chervis* qui a de
longues racines farineuses et sucrées, très-nour-
rissantes. —

En fait d'animaux, on nous a déjà amené le
cochon anglo-chinois qui devient énorme : *l'hé-
mione*, espèce d'âne beau et vigoureux ; les *chèvres
d'Angora*, les *vigognes* d'Amérique qui ont un
poil recherché ; — l'*yack* de Chine, espèce de
bœuf précieux pour sa vivacité et qui peut rendre
de grands services dans les pays de montagnes ;

— il a encore une bonne viande, du lait et sa toison. Enfin on nous a encore apporté deux nouveaux genres de vers à soie, l'un qui se nourrit sur la feuille du ricin, l'autre sur la feuille de notre chêne taillis.

86. — Enfin ce qui doit encourager le paysan à ne pas se laisser guider par la routine, c'est que les nations qui ont l'agriculture la plus prospère et la plus riche sont celles qui ont le plus complétement mis de côté la routine.

L'Angleterre est bien loin en avant de nous dans la voie des progrès agricoles. Aussi le paysan anglais, loin de repousser les nouveautés, va au-devant d'elles; il les recherche parce qu'il sait qu'elles lui apportent du profit. — Partout dans les campagnes anglaises on rencontre de petites machines à vapeur, qui établies dans les champs font mouvoir les charrues; — d'autres sont destinées à sarcler, d'autres à bêcher; — d'autres encore dans les basses-cours des villages dépiquent le blé ou hachent le foin pour les bestiaux.

Aussi l'Angleterre, dont le terrain n'est guère plus étendu que la moitié du sol français et qui est bien moins favorisée que nous par le climat, produit autant que la France en animaux et en plantes. C'est-à-dire que tandis que le paysan français gagne 100 fr. sur un hectare, le paysan anglais y gagne 200 fr.

87. — Il a toujours existé un sentiment de vive

émulation entre la France et l'Angleterre. Ce sentiment s'est trop souvent surexcité chez nous au profit de la guerre et de la gloire militaire. Puisque nous sommes si jaloux de nous montrer supérieurs aux Anglais, tâchons, sinon de les dépasser, au moins d'arriver à leur niveau pour les progrès de l'agriculture : c'est là un but digne de tous nos efforts et nous pourrions être à plus juste titre glorieux de les vaincre dans les concours agricoles que sur les champs de bataille. Mieux vaut se bien servir de la charrue que se servir du canon, car l'une nourrit et l'autre tue.

Quand M. Anselme cessa de parler, le vieux laboureur était toujours assis sur sa pierre; il avait fini son repas et tournait machinalement son couteau dans ses mains. Il se leva et dit : — Certainement vous me dites là des choses à quoi je n'avais jamais songé, — et vous avez peut-être bien raison; — mais moi je suis si vieux déjà; — il faut parler aux jeunes.

VIIᵉ VEILLÉE

LA SANTÉ. — LA FERME.

**Le lendemain au soir, avant la prière, Daniel ouvrit
le septième manuscrit et lut :**

88. — Un autre jour nous nous étions encore
écartés de la ferme, M. Anselme et moi. — A
l'entrée d'un vallon étroit, nous aperçûmes devant nous une pauvre habitation derrière laquelle un enclos de buissons protégeait un petit
champ de choux et de pommes de terre.

La porte était ouverte et sur le seuil jouait un
enfant auprès d'un vieux chien étendu au soleil.

Nous nous approchâmes. Le chien se mit sur
ses pattes et nous regarda avec attention ; l'enfant cessa de jouer et dirigea sur nous un regard
surpris mais plein de douceur. — Il pouvait
avoir cinq à six ans, c'était un petit garçon.

— Bonjour, mon petit ami, lui dit M. Anselme.

— Bonjour, Monsieur, dit l'enfant. — Veux-tu
me toucher la main ? — Oui, Monsieur.

Et le petit homme s'avança et tendit sa petite
main. M. Anselme se pencha et l'embrassa sur
le front.

— Cet enfant est d'une bonne nature, me dit-il en se redressant, et comme il y avait un vieux banc de bois devant la maison : — Reposons-nous un peu ici, ajouta-t-il, en compagnie de l'innocence et de la fidélité.

Il me montrait l'enfant et le chien. — Ce dernier s'était recouché devant la porte, du moment qu'il avait vu que nous étions en bonne intelligence avec son jeune maître.

89. — Comment t'appelles-tu, mon petit ami? demanda M. Anselme à l'enfant qu'il avait attiré entre ses genoux. — Je m'appelle François, dit l'enfant.

En caressant les cheveux du petit bonhomme M. Anselme me fit remarquer sa pâleur et l'éclat tout particulier de ses yeux.

— Cet enfant n'est pas bien portant, ajouta-t-il; il n'a pas l'embonpoint habituel à son âge, et sa peau a une chaleur sèche qui dénote de la fièvre. — Ton papa n'est pas ici, mon petit ami ?

— Papa est à l'étang.

En effet, en regardant dans la direction indiquée par le doigt de l'enfant, nous vîmes à peu de distance dans le fond du vallon une mare assez étendue derrière une rangée de saules. Un homme était sur le bord et, aidé d'une femme, étalait au soleil des paquets de chanvre qu'il retirait de l'eau.

90. — Eh! dit M. Anselme, pas besoin de cher-

cher pourquoi cet enfant est malade ; c'est que probablement il est né et a vécu jusqu'à présent dans cette pauvre demeure, sous les influences de la mare que vous voyez. C'est déjà très-malsain d'être voisin d'un marais dont la chaleur fait évaporer les eaux croupissantes ; mais c'est bien plus malsain encore lorsque dans ces eaux on fait rouir du chanvre. Voilà ce qu'il faut toujours éviter à la campagne. Il n'y a rien de plus funeste que l'air empesté des marécages. — Si au moins, quand on ne peut pas éviter ce voisinage, on avait soin de se placer toujours du côté d'où vient le vent le plus habituel du pays, il emporterait en passant les émanations nuisibles du côté opposé ; — mais ici, remarquez que le vent du couchant, qui est le plus commun, souffle précisément du fond du vallon, de sorte qu'il passe sur l'étang avant d'arriver ici et apporte les émanations empestées sur cette pauvre maison. — Cet enfant doit avoir les fièvres de marais et je serais bien surpris si son père et sa mère ne les avaient pas aussi.

91. — Le petit François retourna jouer avec le chien, et M. Anselme à qui cette circonstance fournissait une nouvelle occasion de m'apprendre des choses que j'ignorais, continua ainsi :

— Le paysan à qui le grand air des champs donne généralement une constitution robuste néglige les soins qui intéressent sa santé. —

Ainsi vous le voyez, ces pauvres gens se sont campés là dans l'endroit le plus malsain du pays; d'autres se placeront aux bords de prairies à fond marécageux, d'autres au bord de rivières dont les eaux baissent en été laissant une portion de leur lit à sec. Toutes ces situations sont nuisibles; les vapeurs que le soleil fait sortir de la vase donnent des fièvres. — Il faut donc éviter ces positions, comme aussi le fond des vallées; car les brouillards qui le soir et le matin couvrent les prairies basses sont très-pernicieux.

Cependant il est très-rare qu'on prenne des précautions à cet égard dans les campagnes; car d'ordinaire on recherche au contraire le voisinage d'une mare, soit pour arroser le jardinage, soit pour abreuver les bestiaux. C'est un tort.

92. — Que dire aussi de ceux qui entassent devant leurs fenêtres des fumiers baignant dans un liquide infect? Vous rencontrez partout cette habitude, dans les fermes et dans les villages. C'est certainement une bonne chose que de faire des fumiers; mais d'abord ce n'est pas de cette façon qu'on fait les bons fumiers, et, d'ailleurs il est, en tous cas, fort inutile de les placer de telle sorte qu'ils remplissent les maisons de leurs odeurs désagréables et nuisibles.

L'air étant la première des choses nécessaires pour vivre, plus celui qu'on respire est pur, mieux cela vaut.

93. — Aussi il y a encore bien à redire **sur** la manière dont sont installées les habitations des gens de la campagne. Elles sont généralement basses, plutôt creusées dans le sol qu'élevées au-dessus, ce qui les rend humides ; — on fait leurs ouvertures peu nombreuses et étroites pour mieux se garantir de la chaleur, l'été ; du froid, l'hiver ; et encore les portes et fenêtres sont ordinairement fermées pendant qu'on travaille au dehors. — Tout cela est mauvais : l'air ne peut pas circuler et chasser l'humidité.

Et quand le soir arrive, toute une famille souvent nombreuse vient s'entasser et dormir dans les alcôves profondes aux murs couverts de salpêtre.

Ajoutez à cela qu'on laisse souvent séjourner dans les maisons des objets sales, des épluchures, des débris de toutes sortes qui se pourrissent ; — des baquets pleins d'eau puante. — Ainsi pendant toute la nuit la famille du paysan respire un air malsain.

94. — Je sais bien que le bon air qu'elle respire dehors pendant le jour corrige en grande partie le mauvais effet de la nuit ; mais ne vaut-il pas mieux, puisqu'on le peut, respirer un air sain la nuit comme le jour ? Est-ce que la santé n'y trouvera pas son compte ?

Il n'est pas difficile de tenir propre son intérieur ; — c'est une habitude à prendre. Là où il y a beaucoup de gens ou beaucoup d'animaux réunis, il faut donner des courants d'air et si on ne le peut pas, il est bon de blanchir de temps en temps les murs avec de la chaux vive nouvellement éteinte, et de placer dans les habitations et dans les étables des terrines de chlorure de chaux liquide.

Comme on ne fait la lessive que rarement dans les campagnes, il ne faut pas entasser le linge sale dans un coin, car il finit par s'échauffer et sentir mauvais ; alors il se gâte : on doit avoir soin de l'étendre sur des cordes dans un endroit sec.

La propreté est une demi-vertu, dit saint Augustin ; elle est l'une des premières conditions de la santé. — Le paysan doit la pratiquer nonseulement dans son habitation, mais sur luimême. Les bains de rivière lui seront très-salutaires en été. — Il doit changer fréquemment de linge, surtout dans la saison où il transpire beaucoup.

95. — Ses vêtements doivent être assez larges pour ne gêner en rien ses mouvements. Les vêtements de laine sont ceux qu'il doit préférer ; sombres en hiver, ils sont plus chauds ; clairs en été, ils sont plus frais.

Les changements de température sont les causes les plus ordinaires des maladies du cultivateur. Il doit éviter les brusques passages du chaud au froid; ne pas exposer à l'air ou à l'humidité ses membres en sueur, quand il cesse de travailler.

96. — Le paysan qui dépense beaucoup de force doit avoir une nourriture solide et variée. — C'est une erreur de croire qu'en ne mangeant que du pain on vit économiquement, quand on en mange beaucoup. — De cette manière on se nourrit moins bien et on dépense davantage qu'en mangeant convenablement du pain, de la viande et des légumes. — Il faut manger davantage de viande l'hiver; davantage de légumes l'été. —

Les repas doivent être fréquents, mais réglés pour l'homme qui se fatigue beaucoup. — Le meilleur repas doit être pris le soir; car dans le jour l'homme serait alourdi dans son travail par une digestion plus difficile, et en même temps la digestion serait gênée par la fatigue. —

Du reste pour se bien porter, l'homme doit prendre ce qu'il lui faut, mais rien au delà.

Un poëte persan rapporte qu'on demandait à un médecin arabe quelle quantité de nourriture était suffisante pour un jour. — Le poids de cent drachmes suffit, dit-il.

— Quelle vertu possède donc cette quantité de nourriture?

— Cette quantité soutiendra ton corps et te portera, reprit le médecin; mais si elle est plus grande, c'est toi qui seras obligé de la porter.

97. — L'eau est certainement la meilleure boisson, mais il faut qu'elle soit de bonne qualité. L'eau de rivière est bonne, parce qu'elle est restée longtemps exposée à l'air ; par la raison opposée, les eaux de source ne sont pas toujours bonnes. — Il faut éviter de boire les eaux qui ne coulent pas, celles des mares, par exemple. — Il faut boire froid, quand on n'est pas en transpiration. Mais si l'on a chaud il ne faut pas boire de l'eau froide et encore bien moins du lait froid, ce qui ferait beaucoup plus de mal.

Le vin pris en quantité convenable donne des forces ; mais l'abus du vin est plus nuisible encore que son usage modéré n'est utile. — Surtout il faut éviter l'abus de l'eau-de-vie, qui est des plus funestes. — On ne doit user de l'eau-de-vie qu'à défaut de vin et seulement pour la mêler à l'eau en petite quantité, quand l'eau n'est pas bonne.

Être sobre n'est pas une grande vertu, mais c'est un grand défaut que de ne l'être pas.

98. — Il est d'usage dans les campagnes, de faire du pain pour quinze jours ou même un mois. Ce pain n'est pas toujours bien cuit et souvent on le conserve dans un endroit humide. Il se moisit et les paysans le mangent dans cet état. C'est très-fâcheux ! la moisissure est nui-

sible à la santé de tous, mais surtout à celle des enfants.

Du reste, en général, le paysan ne prend pas assez soin de la conservation des aliments, et c'est un grand tort. Il mange toujours son lard rance et quelquefois gâté, ce qui a été cause d'accidents même mortels.

Il serait très-sage encore de s'abstenir de manger des fruits verts et de mauvaise qualité. — En les faisant cuire ils ne sont plus nuisibles.

99. — Pour en finir, mon ami, avec les soins que le paysan doit prendre de sa santé s'il veut la conserver, je vous dirai qu'il doit prendre une juste dose de sommeil. — L'enfant doit dormir neuf heures; le jeune homme jusqu'à vingt ans, environ huit heures. — L'homme fait a moins besoin de sommeil; mais en tous cas, s'il faut abréger le sommeil, il vaut mieux retrancher le sommeil du matin que celui du soir. — La veille est mauvaise pour tous, et surtout pour les jeunes gens et les vieillards.

—*Se coucher de bonne heure et se lever matin fait l'homme sain, riche et sage,* — a dit le bonhomme Richard.

Le lit ne doit pas être trop mou. — On a beaucoup de matelas en plumes, dans les campagnes; c'est une mauvaise habitude. Cela conserve au corps une chaleur nuisible.

Le paysan doit prendre garde encore que ses

draps de lit ne touchent un mur humide. C'est ainsi que l'on prend des rhumatismes.

Des matelas de mousse forment pour le paysan pauvre un lit excellent et peu coûteux. Il suffit de récolter en août ou en septembre la mousse la plus longue et la plus douce. — On la fait sécher à l'ombre et, quand on l'a battue pour en détacher la terre, on fait ses matelas que chaque année on renouvelle. La vermine ne s'y met jamais.

100. — Comme M. Anselme finissait de parler, la mère du petit François arriva et l'enfant courut à elle. — Elle vint à nous en le tenant par la main et nous demanda si nous désirions quelque chose. — Nous remerciâmes et entrâmes en conversation avec elle.

Elle nous dit qu'en effet, comme M. Anselme l'avait supposé, ils étaient tous les trois sujets aux fièvres à cause du voisinage de l'étang ; mais le séjour de cette pauvre habitation était une nécessité pour eux. D'abord ils se trouvaient là sur un petit coin de terrain leur appartenant, et puis cette mare était pour eux une cause de gain en même temps que d'insalubrité, car ils surveillaient et soignaient le chanvre que tous les cultivateurs des environs faisaient rouir dans cette eau. Cela valait quelques profits à la famille.

La pauvre femme nous racontait cela d'une voix douce et triste et en jetant un regard humide sur son enfant. — Oh! si ce n'était pas le petit, dit-elle en finissant, cela ne nous ferait rien à nous autres, mais quand je le vois tremblant de la fièvre...

101. — Elle n'acheva pas, se pencha et embrassa son fils. En se redressant, elle s'efforça de nous sourire et nous demanda si nous voulions boire une tasse de lait; car elle avait une chèvre qui, dit-elle, en donnait d'excellent. M. Anselme accepta sans hésiter et tandis que la femme nous précédait dans la maison, il me dit : — J'aime bien accepter ce que les pauvres offrent de bon cœur. Leur cadeau n'eût-il que la valeur d'un fétu de paille, a pour moi un prix infini; — il a le parfum du cœur. — Chez les riches la générosité est un devoir et que souvent encore ils ne remplissent que par ostentation. — Chez les pauvres, c'est une vertu divine. — Et remarquez, mon ami, que plus que toute autre la vie des campagnes rend cette vertu facile. Combien il est aisé d'être charitable et serviable aux champs! On a toujours un peu de pain, une tasse de lait à offrir au besoin; une place au foyer en hiver, un lit de paille dans les granges. Le cœur peut exercer sa plus noble faculté sans être arrêté par cet obstacle, l'impossibilité si ordinaire dans les villes.

Pendant ce temps la pauvre femme était allée traire sa chèvre et nous apporta deux verres de lait qui nous parut exquis. Nous lui promîmes de revenir la voir; et en embrassant le petit François à quelques pas de la maison, M. Anselme lui mit dans la main tout ce qu'il avait dans sa bourse, et puis nous nous hâtâmes de nous éloigner.

102. — Pendant quelque temps nous gardâmes le silence et M. Anselme reprit la parole ainsi :

Pour en revenir à ce que nous disions tantôt, la manière dont se loge le cultivateur en France, la manière dont il installe les bâtiments nécessaires à son genre de travail, laissent beaucoup à désirer sous le rapport de la santé et sous bien d'autres rapports encore.

Visitez les fermes: vous y trouverez le plus souvent un amas de constructions disposées sans régularité, sans ordre et ne remplissant leur but que d'une manière imparfaite et incommode. Quant à la propreté, elle est presque toujours absente de nos fermes.

103. — Cependant les bâtiments sont une chose fort importante pour l'agriculture. — Leur bonne disposition intéresse non-seulement la santé des gens et des bêtes, mais encore l'économie, la promptitude et la facilité du service de la ferme.

Ce n'est pas chose aisée que de donner satisfaction à tous les besoins, de mettre chaque chose à la place qui lui convient le mieux. Considérez que dans une ferme il faut des écuries, des étables, des bouveries, des toits à porcs, des garennes, des poulaillers, des pigeonniers, des ruches; — des greniers à fourrages, à paille, à graines; des granges, des chambres à blé; des pièces où l'on conserve les fruits et les légumes; des caves et celliers; des hangars et magasins pour les outils, instruments et harnais; enfin le logement des maîtres et des domestiques.

Si tout cela ne se combine pas avec ordre et méthode, s'il n'y a pas, entre toutes les parties, des communications nombreuses et faciles, la moindre opération devient longue et difficile. On fait moins bien, et l'on perd beaucoup de temps; or le temps est ce que le cultivateur a le moins à sa disposition.

104. Tel bâtiment peut être au midi, tel autre veut le nord. — Une étable à vaches doit être construite de manière à pouvoir renouveler l'air, modérer la chaleur en été, et empêcher l'entrée du froid en hiver. — Les étables et bergeries doivent avoir des ouvertures de deux côtés opposés, et basses, pour que les courants d'air purifient bien les couches d'air les plus voisines du sol qui sont les plus impures; car elles sont viciées par la respiration et la

transpiration des animaux et par leurs urines.

Les greniers à foin et à paille doivent être à portée des écuries et étables, afin que , par des ouvertures du plafond, on puisse faire tomber les fourrages dans les râteliers.

Il convient que les toits à porcs soit ouverts au nord ainsi que les poulaillers; les pigeonniers au midi.

Une laiterie doit regarder entre le nord et le couchant et être garantie des vents du midi par des bâtiments élevés. La pièce où l'on conserve les fromages doit en être éloignée le plus possible, parce qu'il en sort une odeur forte qui donnerait mauvais goût au beurre et au lait.

Il faut placer un fruitier dans un endroit sec et ombragé à un mètre au moins sous terre ; il faut qu'une cave soit assez profonde pour que la température y soit toujours la même, et la bien séparer des celliers qui renferment les bois verts, les vinaigres et tout ce qui fermente ; ces fermentations portent tort au vin.

Enfin l'habitation du maître, tournée de préférence au levant doit se trouver, par rapport aux autres bâtiments, dans une position qui rende la surveillance facile.

105. — Beaucoup de fermes manquent de bâtiments suffisants parce que les constructions en maçonnerie sont très-coûteuses; il est des localités d'ailleurs, où les matériaux sont rares

et où l'eau manque; d'autres où le transport est difficile. Dans tous ces cas les constructions en *pisé* doivent être adoptées. Le pisé permet encore au pauvre paysan de se faire une maison à peu de frais. — En outre de l'économie il offre la solidité et la salubrité désirables pourvu que les fondations soient en maçonnerie.

La terre qui convient pour faire le pisé est commune; c'est une terre franche ou forte mêlée de petits graviers. Là où le sol se crevasse, là où les mulots font des souterrains, la terre est bonne. Le temps propre à ce genre de construction est de mars en novembre. Le pisé sèche parfaitement en trois mois. — Il est excellent pour former des murs de clôture. Les arbres palissés s'y trouvent mieux que sur les murs en maçonnerie.

Causant ainsi nous revînmes à la ferme, et je vis alors M. Anselme aller trouver mon père, le prendre par le bras et marcher lentement auprès de lui. En parlant, son geste indiquait fréquemment la direction de la pauvre habitation auprès de l'étang.

VIIIᵉ VEILLÉE

LA TERRRE. — LA CHARRUE.

Le lendemain au soir, avant la prière, Daniel ouvrit
le huitième manuscrit et lut :

106. — Le lendemain M. Anselme me dit : —
Je retourne aujourd'hui voir notre petit ami
François ; voulez-vous m'accompagner ?

— Très-volontiers, si mon père n'a pas besoin
de moi.

Quand je le demandai à mon père, il répondit : — Va, Jean, va ; — le temps que tu pas-
seras avec mon ami Anselme tant qu'il restera
auprès de nous, ne sera pas perdu. — Tu ga-
gneras à l'écouter plus que tu ne peux perdre
en ne travaillant pas de tes bras pendant ce
temps.— Les choses du métier que nous faisons,
tu les sais en partie, et le reste tu l'apprendras à
la longue ; tandis que le savoir, tu le rencontreras
rarement parmi nous, et il est bon que tu ne le
négliges pas quand l'occasion se présente. Mon
vieil ami t'offre cette occasion : va, Jean, va avec
lui et profite.

Nous partîmes donc ; il faisait beau temps,
seulement le vent soufflait assez fort.

Nous n'avions guère **fait que la** moitié du chemin quand nous vîmes s'élever à une certaine distance sur notre droite des nuages de fumée. Ils montaient en tourbillonnant de derrière un coteau inculte couvert de genêts et de bruyères. Le foyer qui produisait cette fumée nous parut gagner rapidement en étendue.

— Allons voir ce que c'est, — dit M. Anselme.

107. — Et nous coupâmes à travers champs en accélérant le pas. — Comme nous approchions, nous vîmes que le feu gagnait le haut du coteau. Les genêts s'enflammaient successivement de proche en proche en pétillant, et le vent contribuait à répandre l'incendie. — Cependant comme le versant du coteau que nous avions devant nous se trouvait abrité, étant à l'opposé du vent, la flamme finit par se propager plus lentement, et elle allait peut-être s'éteindre quand nous vîmes deux hommes arriver de ce côté et mettre le feu en plusieurs endroits.

— Voilà qui est bien étrange, — dis-je à M. Anselme.

— Pas autant que vous le croyez, mon ami.

Je le regardai; — il souriait.

— Savez-vous à qui appartient ce terrain-là? me dit-il.

Je lui nommai la personne.

— Eh bien! reprit M. Anselme, cette personne-là entend son affaire, croyez-moi.

— Comment cela?

— C'est-à-dire que d'un coteau improductif elle va faire une bonne terre.

108. Nous étions arrivés auprès des hommes qui attisaient l'incendie et nous apprîmes d'eux qu'en effet le feu avait été mis à dessein à toutes ces plantes. — Un instant après nous reprenions notre chemin.

— Mon ami, me dit M. Anselme, vous êtes-vous jamais rendu compte de la composition des terres, de ce qui les rend bonnes ou mauvaises ?

— Non vraiment, Monsieur.

— Cela ne m'étonne pas : il y a beaucoup de cultivateurs qui labourent la terre pendant toute leur vie et ne savent pas le plus souvent distinguer sa nature. Ils ignorent de quel mélange elle est faite, et quand elle est infertile, ils ne savent pas ce qui lui manque pour devenir fertile ; et cependant ils ont quelquefois sous leur main, à leur portée cette chose qui manque ; — mais ils n'en font aucun usage ; ils ne savent pas. — Si le paysan savait, combien de terres improductives pourraient devenir riches !

109. — Après un court silence, M. Anselme reprit : — Voyons, mon ami, vous savez bien cependant qu'il y a des terres où l'argile se trouve en grande quantité, et d'autres qui sont composées en grande partie de sable.

— Oui, Monsieur.

— Vous savez que les premières sont serrées, grasses, pâteuses, dans les temps humides, dures dans les sécheresses, et difficiles à travailler ; vous savez encore que les terres sableuses sont lâches, bien divisées, légères et ne retiennent pas l'eau : celles-ci sont d'un travai facile.

Vous avez pu remarquer aussi qu'il y a d'autres terres d'une couleur blanchâtre, sèches et arides et se mettant facilement en poussière ; elles sont légères comme les terres sableuses et ne gardent pas l'eau ; mais elles ne présentent pas au toucher la rudesse du sable. Ces terres-là contiennent une grande quantité de chaux.

Voilà en résumé les trois choses principales qui composent les terres : l'argile, le sable et la chaux.

110. — Les terres qui ne renferment qu'une seule de ces trois choses ne sont pas cultivables ; il y en a fort peu ; celles qui contiennent les trois choses par portions égales ou à peu près, sont les meilleures ; on les appelle *terres franches*. Ces terres ont une bonne odeur fraîche et agréable quand elles sont nouvellement bêchées.

Mais vous comprenez qu'il y a une infinité de terres qui, tout en ayant de l'argile, du sable et de la chaux, ne les ont pas par parties égales et possèdent les unes davantage d'argile, les autres davantage de sable, les autres davantage de chaux. On les appelle alors ou *argileuses* ou *sableuses* ou *calcaires*.

Tant que la chose, argile, sable ou chaux, qui est en plus grande quantité, n'atteint pas cependant une quantité trop forte dans un terrain, ce terrain peut être utilisé tel qu'il est pour la culture, et alors il est plus ou moins bon pour telles ou telles plantes selon qu'elles aiment plus ou moins l'argile, le sable ou la chaux. — Ainsi les fèves, les choux, les trèfles, les blés d'automne se plaisent dans les terrains argileux. — La betterave, la carotte, la pomme de terre surtout se plaisent dans les terres sableuses; le sainfoin vient parfaitement dans les terrains calcaires.

Cette préférence qu'ont certaines plantes pour certains sols fait qu'on peut reconnaître quelle espèce de sol on a devant soi, en regardant quelles sont les plantes qui y poussent naturellement.

Par exemple le sureau-yèble, la chicorée sauvage, la fougère, le chiendent, indiquent que l'argile est abondante; l'orpin, l'oseille petite, le réséda jaune indiquent beaucoup de sable; le coquelicot, le chardon annoncent beaucoup de chaux.

111. — Je suppose maintenant, mon ami, qu'un terrain renferme trop d'argile, de sable ou de chaux pour qu'on puisse en tirer un bon

parti, que faire ! — Il faut le corriger ; c'est ce qu'on appelle l'*amender*.

On corrige tout naturellement un sol en lui donnant ce qui lui manque pour être bon. Ainsi au sol qui a trop d'argile on donne de la chaux, du sable, des plâtras, des graviers, des cendres, des marnes calcaires ; au sol qui contient trop de sable on donne de l'argile, de la marne argileuse ; au sol qui a trop de chaux on donne des argiles.

L'argile pour amender s'emploie réduite en poudre ou bien à l'état de boue à demi liquide.

La marne est un mélange naturel d'argile et de chaux ; quand il y a plus d'argile que de chaux on dit que la marne est argileuse ; quand il y a plus de chaux que d'argile on dit qu'elle est calcaire.

La marne se place par petits tas, en automne dans le champ qu'on veut amender, et quand la gelée a brisé les tas on les éparpille, puis on mélange la marne au sol en labourant.

112. — On emploie la chaux soit pure, soit mélangée à des curures de fossés, à des dépôts d'étangs. — Pure, on la place par petits tas comme la marne, et on recouvre ces tas d'un peu de terre ; un mois après on les répand. — Il faut laisser passer plusieurs mois avant d'ensemencer la terre où l'on a mis de la chaux, afin que le mélange ait le temps de se bien faire.

Sur les bords de la mer on se sert beaucoup des sables mêlés de coquilles pour amender, parce que les coquilles sont composées de chaux.

113. — Si vous voulez savoir, mon ami, pourquoi les terrains qui contiennent trop d'argile, de sable ou de chaux ne valent rien pour la culture, je vous dirai d'abord que les plantes, pour germer et pousser ont besoin d'une certaine dose d'air, de chaleur, de lumière et d'humidité.

Eh bien! dans les argiles, les racines ont trop d'eau, pas assez d'air et de chaleur, c'est pour cela qu'on ajoute des sables et des graviers qui, en divisant l'argile font pénétrer de l'air, c'est pour cela qu'on ajoute de la chaux qui donne de la chaleur.

Dans les sables il n'y a pas assez d'humidité, il y a trop d'air; on ajoute des argiles pour resserrer la terre et donner de la fraîcheur. — Dans les terres calcaires il y a trop de chaleur; les argiles qu'on y met procurent de l'humidité.

Quelquefois il n'est pas besoin d'aller bien loin pour trouver ce qui manque à une terre; car il arrive par exemple que la surface argileuse repose sur un sous-sol de sable ou qu'une croûte de chaux recouvre une croûte d'argile. — Il n'y a alors qu'à bêcher profondément et mélanger ce qui est dessus avec ce qui est dessous.

114. — Donc amender c'est améliorer la terre. —On amende encore quand par l'arrosage on procure de l'humidité aux terres qui en manquent.

Pour irriguer il faut que la prise d'eau soit supérieure au terrain ; il faut que la surface du terrain soit telle que, par le moyen des rigoles d'arrosage, l'eau arrive partout et ne séjourne nulle part. — Il faut enfin pouvoir faire écouler le surplus des eaux dans un courant ou un étang.

L'effet de l'irrigation est surtout puissant sous les climats chauds et secs, dans les terres légères et riches et quand l'eau est chargée de matières fertilisantes, qu'elle est bien aérée et tiède. Les eaux qui ne sont pas assez aérées et celles qui sont froides peuvent être nuisibles.

Dans l'arrosage par infiltration on arrose dès qu'on n'a plus de gelées à craindre et que la terre est bien ressuyée ; — dans l'arrosage qui consiste à couvrir d'eau le sol, on peut arroser par les temps humides et froids pourvu que les eaux soient troubles, mais seulement quand la végétation est peu avancée, sans quoi le dépôt du limon nuirait aux plantes.

Il faut répandre l'eau avec modération et la faire couler lentement sans la laisser stagnante. Plus elle coule lentement plus elle profite à la terre.

L'arrosage peut être prolongé pendant plusieurs jours au printemps et en automne; en été il ne doit durer, selon le cas, que de six à vingt-quatre heures et l'arrosage de nuit est préférable.

115. — On amende encore quand on diminue l'humidité des terres marécageuses. Pour cela on creuse des fossés disposés suivant la pente du terrain et dans lesquels s'écoulent les eaux trop abondantes qu'on dirige dans les ruisseaux ou les rivières.

Les Anglais ont imaginé pour dessécher les terrains humides de placer sous terre des rangées de tuyaux en terre cuite qui reçoivent les eaux et les conduisent dans un tuyau plus grand d'où on les mène où l'on veut.

Ce moyen est des plus ingénieux et fait merveille partout où on l'emploie ; c'est ce qu'on appelle le drainage. — Pour appliquer ce système il faut avoir recours à des hommes expérimentés.

116. — Le sol, mon ami, tel que je viens de vous le présenter, composé d'argile, de chaux et de sable, reçoit les semences des plantes et leur donne l'humidité et la chaleur nécessaires pour les faire germer. — Ensuite à mesure que la tige s'élève, le sol la supporte et la maintient dans la direction voulue ; en même temps il reçoit les racines, il en tient écartées les unes des autres toutes les parties même les plus déliées ; il leur distribue, en quantité

convenable, la chaleur du soleil qu'il reçoit et celle de la chaux qu'il renferme ; à chaque brin de racine il donne sa part de l'eau des pluies, des rosées ou des arrosages ; — à chaque brin il communique un peu de l'air dont il est pénétré ; à chaque partie il distribue la nourriture dont la plante a besoin pour croître et porter ses fruits.

117. — Mais cette nourriture, ce n'est ni l'argile, ni le sable, ni la chaux qui la donnent; car c'est à peine si la plante prend quelques petites parcelles de tout cela ; cette nourriture c'est le terreau qu'on nomme aussi humus.

Voilà donc une quatrième matière qui entre dans la composition des terres cultivables. Le terreau est formé par tous les débris de plantes ou d'animaux qui se pourrissent naturellement et finissent par former poussière. Ainsi les racines des plantes mortes se décomposent dans la terre, les feuilles, les branches, les écorces, les tiges tombent sur le sol et à la longue se décomposent aussi par l'effet de la chaleur et des eaux ; il en est de même des dépouilles d'animaux. La matière fine et légère résultant de ces décompositions nourrit les plantes; l'eau la transporte à travers la terre et la distribue aux moindres racines. Celles-ci aspirent en même temps petit à petit et l'eau et le terreau.

Ainsi, à vrai dire, l'argile, le sable et la chaux

ne sont que les protecteurs des plantes et les distributeurs des choses dont elles ont besoin ; tandis que le terreau est leur principale nourriture. — C'est lui qui se change en herbes, tiges, feuilles, fleurs, fruits ; c'est lui qui, par conséquent, nourrit encore les animaux qui mangent ces plantes ; — et par ce moyen les débris des êtres morts donnent l'existence à d'autres êtres ; — et, chose merveilleuse ! le monde se perpétue ainsi, la vie menant à la mort et la mort donnant la vie.

Quel travail mystérieux et admirable que celui de la terre ! — « La terre, dit un poëte allemand, est une magicienne un peu vieille, sans doute, mais encore séduisante, et c'est dans la nuit de l'hiver qu'elle pratique ses charmes mystérieux au moyen desquels elle se réveille jeune à l'aurore du printemps. »

118. — Vous connaissez maintenant, mon ami, une première manière d'améliorer la terre ; c'est de l'amender ; une seconde, c'est de labourer.

Par le labour on ouvre davantage le sol aux influences de l'air, de la chaleur, de la pluie ; on lui donne un relief qui favorise son échauffement par le soleil. Par le labour on enfouit les amendements et les engrais, on débarrasse la terre des plantes nuisibles et on la divise, ce qui permet aux plantes utiles de mieux y étendre leurs racines pour absorber les sucs nourriciers du terreau. Le labour en creusant des rigoles facilite aussi l'écoulement des eaux nuisibles et le parcours des eaux utiles.

Le labour, en résumé, complète les bienfaits des amendements ; c'est une des opérations les plus importantes de l'agriculture. — La terre sans cesse remuée produit sans cesse.

119. — Les labours doivent être plus ou moins profonds selon les sols et les plantes.

La couche de terre que l'air, le soleil, la pluie et le terreau ont rendue fertile est parfois épaisse, alors le soc de la charrue peut creuser profondément sans crainte de toucher à la couche inférieure qui n'est pas fertile. Vous comprenez que si l'on entamait cette couche infertile elle se mélangerait à celle de dessus et la rendrait moins bonne. Mais si la couche fertile est peu épaisse, la charrue ne doit creuser que juste assez pour ne pas toucher au sous-sol ; à moins qu'on n'ait intérêt à mélanger, par exemple, un sol argileux avec le sous-sol sableux.

Cette épaisseur de la couche labourable est une chose qui influe beaucoup sur la valeur des terres. — Soixante centimètres d'épaisseur font une terre profonde.

La profondeur de la bonne terre d'un champ se reconnaît à la couleur. Tant qu'on rencontre la nuance de la surface on est dans le bon terrain.

120. — Quand vous connaissez les profondeurs de vos terrains, il vous est facile de voir quelles plantes peuvent être cultivées dans chacun d'eux, puisque les unes ont des racines qui s'enfoncent beaucoup, les autres des racines qui s'étalent auprès de la surface.

Ainsi les pommes de terre, le chanvre, les betteraves, les carottes, les choux, veulent un labourage de 20 centimètres ; il n'en faut que moité pour convertir un champ en prairie naturelle parce que les herbes de ces prés n'ont que de courtes racines. Au contraire, les plantes de prairies artificielles, le trèfle, la luzerne, le sainfoin, veulent des labours aussi profonds que possible parce que leurs racines plongent très-avant dans le sol. Le blé, l'orge, l'avoine, le seigle, les haricots, les petits pois, les fèves, dont les racines descendent peu, se contentent d'un labour de 10 à 12 centimtères.

L'importance est grande de se rendre compte de tout cela parce que si, en labourant, vous ne songez pas à la profondeur des racines de la plante que vous allez semer, il arrivera que vous renverserez trop bas ou pas assez bas la surface de la terre qui est la partie la plus fertile ; vous enterrerez trop ou pas assez la chaux et le fumier, et alors les racines se trouvant ou au-dessus ou au-dessous de ce qui doit leur être utile, les plantes ne pourront en profiter et seront chétives.

Il est vrai que votre terre ne sera pas appauvrie, mais vous n'aurez pas de récolte.

121. — Il y a des terres que l'on peut labourer à toutes les époques de l'année, ce sont celles qui ne sont jamais ni trop sèches ni trop humides ; mais : « *Ne laboure point les terres fortes quand elles sont mouillées, ni les terres légères quand elles sont sèches,* » dit Jacques Bigault.

Quoique les terres destinées aux semailles de printemps doivent passer l'hiver sans porter aucune plante, il est bon de leur donner un labour en octobre surtout si ces terres sont argileuses parce que l'effet de la gelée les divisera ; elles éprouveront mieux l'influence fécondante de la neige et les racines des mauvaises herbes exposées au froid périront.

En général, travaillez fréquemment les terres argileuses : cela les divise et leur donne de l'air. C'est pour elles qu'on a dit : *Labour vaut fumier.*

Ayez soin encore de répartir également la bonne terre sur toute la surface d'un champ ; qu'il n'y ait pas des parties bombées et des parties basses ; les premières auraient plus de terreau qu'il n'en faut pour les plantes ; les autres en manqueraient. — D'ailleurs, l'hiver, des mares d'eau se formeraient dans les creux.

De deux mètres en deux mètres creusez

un sillon plus profond qui reste ouvert pour l'écoulement des eaux trop abondantes.

Sur les pentes un peu raides ne labourez ni dans le sens de la pente ni par le travers ; labourez en obliquant ; les bêtes sont moins fatiguées et la terre descend moins.

122. — Si vous défrichez un terrain, observez et calculez bien auparavant. Les défrichements coûtent cher et si vous vous trompiez vous feriez une grosse perte. Les plantes qui croissent naturellement peuvent nous donner une bonne indication. La digitale vous annoncera toujours un sol maigre et pauvre, la fougère un sol riche et profond.

Considérez toujours quelle est la nature du sol à remuer, s'il aura besoin d'amendements et si vous pourrez aisément les trouver dans le voisinage.

Le propriétaire du coteau que nous venons de voir incendier a bien fait son calcul. Toutes les plantes qui s'y trouvaient pouvaient à peine nourrir quelques moutons ; tandis que réduites en cendres et mêlées à la terre elles vont donner une grande activité à la végétation nouvelle que la culture développera sur la même place. En outre, avec les racines des genêts brûlés réunies en fagots, on fera calciner les mottes de terres gazonnées. L'effet des terres calcinées est très-grand sur les terrains en friches. Je vous

réponds que vous verrez de belles récoltes sur
ce coteau.

123. — La terre n'est pas une ingrate ; bien
travaillée, elle récompense toujours les efforts du
travailleur ; mais pour la bien travailler il faut
de bons instruments. Le cultivateur n'est pas
encore assez convaincu de cette vérité. La routine se montre particulièrement entêtée sous ce
rapport. L'esprit parcimonieux du paysan contribue beaucoup aussi à la conservation des
vieux instruments. La dépense d'une acquisition
l'effraye et le fait reculer. Il se sert des outils
défectueux que son père lui a transmis et souvent
quand il faut les renouveler, il les construit lui-
même par esprit d'économie. Dans beaucoup
de fermes, le fermier taille et agence lui-même
toutes les parties de sa charrue. — C'est un
mauvais calcul. — Il ne se doute pas des qualités qu'une charrue peut perdre ou gagner selon la forme, la dimension et la disposition des
pièces qui la composent. — Il en résulte que la
charrue fonctionne mal, l'attelage a plus de
peine et la terre est moins bien travaillée, et tout
cela se résume en perte de temps, perte d'efforts
et perte de récolte.

124. — L'argent employé à acquérir des instruments reconnus bons par la pratique est un
argent placé à gros intérêt. Il faut choisir avec

discernement ses instruments ; car certains sont préférables pour une terre, certains pour une autre terre. Ainsi la charrue à roues est bonne pour les terrains légers et peu profonds ; mais elle ne vaut rien pour les terres profondes et fortes qui exigent beaucoup de tirage : car les roues s'enfonçant dans la terre rendent le tirage encore plus pénible. Il faut quatre bêtes attelées et quelquefois six.

Avec la charrue sans roues ou *araire* on ménage mieux à sa volonté la profondeur du sillon et avec deux bêtes seulement on peut travailler les terres les plus fortes.

Les Flamands, ces maîtres de l'agriculture, se servent de l'araire depuis des siècles et ne songent nullement à y renoncer. En France l'araire de Roville ou de Dombasle a été reconnu le meilleur ; mais il ne faut pas oublier que la forme du soc et celle du versoir doivent varier suivant les terrains.

En résumé, ayez si vous voulez la charrue à roues et l'araire pour les employer selon l'opportunité ; mais en tous cas ayez toujours les meilleures charrues. — *Il n'y a pas de bon labour sans une bonne charrue et un large soc qui coupe les racines*, dit Jacques Bigault.

125. — Ayez encore la herse à dents de fer qui émiette la surface durcie de la terre, brise les mottes, couvre les semences et enlève les mau-

vaises herbes et les racines. Au printemps passez-la sur vos blés en herbe et vous leur donnerez de la vigueur.

La houe à cheval est un instrument précieux ; il bine d'un trait toute la terre existant entre les lignes des récoltes et, à l'aide d'un seul cheval, fait en un jour autant de besogne que vingt ouvriers avec la houe à main.

Le rouleau est encore très-utile pour briser les mottes trop dures pour la herse, tasser les terres trop légères et celles soulevées par la gelée, enfoncer les pierres trop saillantes qui gêneraient, à la moisson, et forceraient à couper les blés trop haut.

Ayez encore le rayonneur qui trace à la fois plusieurs petits sillons pour la semaille ou la plantation de diverses plantes, et, en même temps, achetez le semoir à brouette qui creuse le sillon et sème simultanément. Il est on ne peut plus utile pour la semaille des graines fines de colza, de carotte et presque toutes les cultures en ligne.

126. — Ainsi me parlait M. Anselme en marchant, et je l'écoutais attentivement, car je voyais bien qu'il avait entrepris de m'instruire sur toutes les choses de la campagne ; et comprenant alors tout le bien qu'on peut retirer du savoir, je lui savais gré au fond du cœur de tout ce qu'il me disait.

Cependant nous arrivâmes à la pauvre habitation que nous avions visitée la veille et nous trouvâmes encore là le petit François et le chien. L'un et l'autre nous reconnurent aussitôt et nous le témoignèrent, l'enfant en accourant à nous, le chien en nous regardant d'un œil doux sans se déranger et en remuant la queue.

Presque aussitôt arriva le père de l'enfant, suivi de sa femme. M. Anselme leur dit alors comme quoi frappé des dangers qu'il y avait pour leur enfant et pour eux-mêmes à habiter cette demeure, il en avait parlé à mon père qui consentait à les occuper tous les trois à la ferme s'ils voulaient venir y rester.

La surprise et la reconnaissance de ces braves gens était au comble ; ils avaient leurs yeux pleins de larmes et ne savaient comment remercier.

— Allons ! c'est entendu, dit M. Anselme, n'est-ce pas, François ?

La mère alla à son fils, le prit dans ses bras et le serra sur son cœur.

— Certainement, Madame, à la ferme il guérira vite — dit M. Anselme qui devinait la pensée de la mère ; et il ajouta aussitôt, sachant tout le plaisir qu'il ferait : — vous seriez bien aimable de nous donner comme hier un bon verre de lait chaud… Vraiment, vous avez une excellente chèvre, son lait est délicieux.

La pauvre femme était dans le ravissement.

Dès le lendemain, Bonin (c'était le nom du père de François) était installé à la ferme avec sa femme et son fils ; — sans oublier la chèvre et le vieux chien.

IXe VEILLÉE

LES PRAIRIES.

Le lendemain au soir, avant la prière, Daniel ouvrit le neuvième manuscrit et lut :

127. — C'était peu de temps après ; un matin M. Anselme en passant avec moi le long d'une prairie artificielle m'arrêta par le bras et me dit en souriant :

— Il me revient un souvenir d'enfance que je vais vous dire : — J'ai été élevé dans une petite ville, et vers l'âge de dix ans je rejoignis à la campagne mon père qui était cultivateur. — Un jour, à la maison, je mis la main dans un sac et en tirai une poignée de petites graines. — Quelles sont ces graines ? dis-je à mon père. — Ce sont des graines d'or, me répondit-il fort gravement. — Cette réponse me surprit et mes questions n'en seraient pas restées là, si mon père n'eût été aussitôt dérangé et ne se fût éloigné.

128. Des graines d'or ! ces mots me trottaient par la tête. J'avais des idées fort peu arrêtées sur la production de l'or et je ne savais pas jusqu'à quel point on pourrait prendre à la lettre l'expression de mon père.

Aussi je regardai attentivement les graines qui étaient d'un beau jaune doré : je les roulai dans mes doigts, et en définitive mon esprit resta dans l'indécision. Comme je ne perdais pas le sac de vue, quand on vint y prendre de la semence, je suivis le semeur et examinai attentivement tout ce qu'il fit. Cependant je n'osai le questionner, car mon amour-propre se refusait à montrer mon ignorance — mais je me promis de suivre la croissance de la plante, de la voir fleurir, fructifier. — Alors me disais-je, je saurai à quoi m'en tenir.

Le champ se couvrit d'une épaisse verdure puis les boutons se formèrent, enfin je vis la première fleur ouverte ; rien ne m'échappait. — D'autres fleurs suivirent, j'étais dans le ravissement. — Les fruits ne devaient pas tarder à se montrer. Quels fruits ?

Voilà qu'un matin en allant visiter mon champ je le trouvai complétement fauché — fauché en fleur.

129. — Mon désappointement était grand ; ce-

pendant je ne me sentais pas la force de rester plus longtemps dans mon indécision et à la première occasion, je dis à mon père : — Pourquoi donc a-t-on coupé les plantes des graines d'or.

Il me regarda un moment avec surprise et puis se mit à rire en disant : — Ah ! tu aurais bien voulu voir les fruits de la plante.

Pour toute réponse je rougis ; et mon père reprit : — En te disant que c'étaient des graines d'or, je voulais te dire simplement qu'elles étaient précieuses, parce qu'elles donnent aux cultivateurs un excellent fourrage ; et que les bons fourrages font la fortune des cultivateurs.

La graine d'or était tout simplement de la graine de trèfle.

130. — Mon père avait raison, poursuivit M. Anselme, les bons fourrages font la fortune du cultivateur. Ils sont le véritable point de départ de toutes les opérations d'une ferme bien conduite. Ce n'est pas difficile à reconnaître. Quel est votre but en cultivant ? — d'obtenir de belles récoltes de toute nature.

Mais croyez-vous qu'en labourant la terre telle que la nature vous l'offre et en la semant successivement après chaque moisson vous obtiendrez constamment de belles récoltes ? Vous savez bien que non. — Vous savez qu'il faut des engrais pour rendre à la terre sa fécondité qui, sans cela, diminuerait à chaque nouvelle récolte et finirait par s'éteindre complétement.

Pour avoir des engrais il faut nourrir des animaux ; pour nourrir des animaux il faut produire des fourrages, pour produire des fourrages, il faut faire des prés.

« *Veux-tu du grain ? fais des prés,* dit Jacques Bigault, — *les prés, le fourrage, le bétail, le fumier amènent le grain, Mais tout cela se tient, et si l'un manque, point de récolte.* »

Oui, mon père avait raison, les graines de fourrages sont des graines d'or.

131. — Ainsi, dès que vous avez une terre à cultiver, demandez-vous aussitôt combien il vous faut de fumier pour la rendre et la conserver féconde ; cherchez ensuite combien il faut de bétail pour produire ce fumier nécessaire — combien de fourrage pour nourrir ce bétail, combien de prés pour produire ce fourrage.

Ce calcul — des gens qui s'y entendent l'ont fait et ils ont trouvé que pour fumer convenablement un hectare de terre, il faut une tête de gros bétail ou dix moutons ; ils ont trouvé aussi que pour nourrir cette tête de gros bétail ou ces dix moutons il fallait la moitié d'un hectare semé en fourrages. Donc sur chaque hectare que vous avez, il vous faut un demi-hectare de prairies ; — donc vous devez mettre tout de suite la moitié de toute votre terre en prairie.

132. — C'est beaucoup, direz-vous — restera-t-il assez de terrain pour produire du grain? — oui, il en restera assez, non-seulement pour produire du grain, mais encore toutes les plantes nécessaires à l'industrie. — Un tiers d'hectare bien fumé rapporte davantage qu'un hectare entier non fumé. — D'ailleurs avec beaucoup de fourrages, n'aurez-vous pas plus de bestiaux et meilleurs?

L'Angleterre sur un terrain de moitié moins étendu que le nôtre produit beaucoup plus de fourrages que nous et obtient trois ou quatre fois plus de fumier que nous. — C'est déjà un gros bénéfice sans compter les autres produits, viande et lait bien plus abondants qu'en France. Pendant que chaque Français n'a que cent kilog. de viande à consommer, chaque Anglais en a 250; — pendant qu'une vache en France produit 500 litres de lait, une vache en Angleterre en produit 1000.

133. — *« Si je fais autant de prés où placerai-je mon foin? se demanda Jacques Bigault. — Où on le place dans les trois quarts de l'Europe....... à la belle étoile, »* répondit-il. Mais, direz-vous encore, mon terrain n'est pas propre à y établir des prés. — Erreur. — *« Il n'y a point de terre où l'on ne puisse faire un pré d'une nature ou d'une autre, »* répond encore Jacques Bigault. — Et il a raison comme vous allez le voir.

Ainsi c'est bien entendu : la moitié du terrain en prairie, à moins que l'on ne soit voisin d'une ville d'où l'on puisse tirer les engrais dont on a besoin.

Les prairies que l'on peut avoir sont ou naturelles ou artificielles.

Les prairies naturelles sont celles dont les herbes sont produites spontanément par la nature et dont la durée est indéfinie. — Les prairies artificielles sont celles établies par le cultivateur et qui ne durent qu'un temps limité.

Les prairies naturelles sont composées d'une infinité de plantes différentes, les prairies artificielles ne peuvent se composer chacune que d'une seule espèce de plante.

134. — Les prairies naturelles sont un des meilleurs produits dans les lieux élevés, loin des routes, dans les domaines montagneux, sous un climat froid, à air vif et où les gelées sont fréquentes. — Les meilleures prairies sont celles qui sont toujours moites ou que l'on peut arroser, soit sur le bord des rivières, soit sur les terres inclinées. — Mais sur les hauts plateaux des montagnes les prairies sont encore excellentes à cause des plantes montagneuses qui les composent et qui ont des qualités précieuses pour les bestiaux.

On peut encore utiliser par des prairies les pentes rapides des collines et montagnes dont le sol renferme beaucoup de chaux ou de sable;

malgré la stérilité de ces terres et quoiqu'on ne puisse pas les arroser, elles peuvent produire des plantes très-propres à la nourriture des bestiaux ; ainsi la carouille variée, le trèfle flexueux. — Ces prairies sont dites *sèches* et conviennent surtout aux moutons.

Bien entendu que les prairies humides ou arrosables des terres basses et des vallées sont préférables parce qu'elles ont en même temps la bonté et l'abondance des herbes. Celles des lieux élevés ont encore des herbes excellentes, mais plus rares. Les prairies marécageuses ont un fourrage abondant, mais mauvais.

135. — Les prairies naturelles sont les unes destinées à être pâturées par les bestiaux, les autres à être fauchées.

Les prairies-pâturages occupent tantôt les terres les plus riches, en Normandie par exemple ; tantôt les terres les plus pauvres, ainsi dans les montagnes. Vous allez le comprendre. Dans les très-riches herbages, l'herbe pousse très-vite jusqu'à dix centimètres de hauteur ; ensuite la croissance se ralentit ; il y a donc intérêt à faire pâturer aussitôt que l'herbe a atteint cette hauteur qui ne serait pas suffisante pour le fauchage. L'herbe alors se remet à pousser de plus belle et en la faisant consommer chaque fois, à dix centimètres, on maintient la croissance constamment très-rapide, et on obtient le plus d'herbe possible dans un temps donné. — Quant aux herbages de montagnes qui n'ont pas cette richesse, le pâturage est encore le meilleur parti qu'on en puisse tirer : d'abord à cause des difficultés que rencontrerait le fauchage sur des terres raides, accidentées et où l'herbe est souvent courte ou rare. — Ensuite l'éloignement de ces prairies est grand ; il n'y a pas de routes ou bien elles sont très-mauvaises et le transport des fourrages serait impossible.

En dehors de ces deux cas que présentent les prairies très-riches et les prairies de montagnes, au lieu de faire pâturer il vaut toujours mieux couper les foins pour fourrage.

136. — Pour établir une prairie naturelle il faut faire un choix des bonnes herbes du pays et de celles qui conviennent le mieux au sol. Tâchez de ne prendre que celles qui croissent et mûrissent à la même époque. On doit semer sur terre humide et par un temps frais vers la fin de mars ; ensuite il faut passer le rouleau sur la graine pour la faire lever plus promptement.

Les prairies naturelles demandent de 8 à 15 arrosages par an, selon le climat.

La récolte de foins se fait au moment où la plupart des plantes de la prairie sont en fleurs ; mais la fauchaison doit être un peu avancée quand les foins sont mélangés à beaucoup de mauvaises herbes afin que ces dernières n'aient pas le temps de produire graine.

Fauchez à la fraîcheur et aussi ras que possible du sol; car c'est le dessous qui fait la qualité du foin; là se trouve l'herbe la plus touffue et la plus nourrissante.

Faites le fanage comme en Picardie, laissez sécher en andains et en petits tas au lieu d'éparpiller le foin. — Il est moins lavé, s'il vient à pleuvoir; il perd moins ses feuilles. — Ne laissez pas trop sécher; le foin sec perd de ses qualités; le soleil et la rosée lui font perdre sa couleur. Tâchez donc de choisir votre temps afin de faner vite.

137. — Quand votre foin est presque sec, mettez-le en gros tas et laissez-lui prendre une chaleur vive dans l'intérieur. Alors ouvrez le tas, étendez le foin, il sera bientôt desséché et ne s'échauffera plus à l'avenir.

Bottelez sur les prés mêmes afin de conserver au fourrage ce qu'il a de meilleur, ses feuilles.

Si vous rentrez votre foin, ne le placez pas dans les granges au-dessus des étables, quand le plafond des étables n'est pas bien joint; parce que le fourrage prend alors les odeurs qui montent d'en bas et les animaux ne le mangent plus avec plaisir.

Faites plutôt comme vous dit Jacques Bigault: *Laissez votre foin à la belle étoile*, pourvu que vos meules soient bien faites. Le fourrage s'y conserve mieux et reste meilleur.

138. — Les prairies artificielles viennent là où on ne peut établir des prairies naturelles et elles ont l'avantage de rapporter bien plus. Pas de bonne culture sans prairies artificielles.

Ayez surtout une bonne semence et préparez bien votre terre. Ne mélangez pas, je vous l'ai dit; — la prairie artificielle ne demande qu'une seule espèce de fourrage à la fois.

On sème de préférence au printemps dans une avoine ou une orge. — Il ne faut pas enterrer profondément; il serait à désirer qu'on prît l'habitude de semer en lignes pour qu'on pût biner et sarcler.

Pour les terrains riches et profonds, vous avez la Luzerne qu'Olivier de Serres appelait la *Merveille du mesnage*. Elle vaut le bon foin pour les bêtes de travail et même encore pour les bêtes d'engrais et les vaches laitières. — Ne la coupez pas la première année; — puis elle vous donnera de trois à cinq coupes par an pendant dix, quinze, vingt ans même. — La luzerne améliore la terre, car elle y laisse de 20 à 30 mille kilogrammes de racines par hectare. Quand on a rompu une luzernière, il ne faut pas en remettre une autre sur le même terrain avant huit ou dix ans.

Pour les terres franches vous avez le trèfle rouge

qui, lui aussi laisse en terre un poids de racines égal au poids du fourrage qu'il a donné.

Pour les sols maigres et légers vous avez le
trèfle blanc, précieux pour les moutons, car il ne
les fait jamais enfler. On le fait ordinairement
pâturer; car il repousse sous la dent.

Dans les terrains sablonneux, mettez du trèfle
incarnat qu'on sème en août après la moisson et
qui, en avril, vous donnera le premier fourrage
vert et puis laissera la place à d'autres plantes.

139. — Le sainfoin vous donne un excellent
fourrage dans les terres arides et calcaires pourvu
qu'elles soient bien remuées; il résiste aux longues sécheresses; — mais ne le laissez pas pâturer par les moutons.

La Lupuline convient encore aux terrains secs
et pauvres; elle repousse vite. La pimprenelle
n'est pas plus difficile pour le sol, et est très-
bonne pour les moutons. Les terrains où il y a
de la tourbe peuvent être utilisés par le trèfle
rouge et blanc et le Timoty ou fléau des prés.

Il y a encore le Fromental qui réussit bien sur
les coteaux marneux; le Ray-gras ou ivraie d'I-
talie qui se plaît dans les terrains humides; la
chicorée dans les bonnes terres. Cette dernière
fournit du vert dès avril et peut donner quatre
coupes par an.

Vous le voyez, vous n'avez qu'à choisir vos
plantes selon la nature de votre terrain. — Si

vous n'avez pas de prairies, c'est que vous n'en voulez pas.

140 — « *Plâtre tes prés artificiels,* dit Jacques Bigault. *Pour trente sous de plâtre tu auras douze cents de foin en sus de la récolte habituelle.* »

— Il a raison. Personne ne conteste plus aujourd'hui le bon effet du plâtre dans ce cas.

C'est en mars ou avril qu'on fait le plâtrage des trèfles, luzernes, sainfoins. — Il est préférable d'employer le plâtre cru parce qu'il se dissout mieux, et d'ailleurs il coûte moins cher. — Il faut le répandre par un temps sombre et humide, après une pluie légère ou sur la rosée.

Le hersage qui arrache la mousse et donne de l'air aux plantes est une bonne opération pour les luzernes, trèfles et sainfoins.

Quand les prairies artificielles sont arrosables, le nombre des arrosages par an, varie entre 4, 5, 6 et plus selon le sol et le climat.

Les prés artificiels doivent se couper lorsqu'ils entrent en fleur, surtout si leur fourrage est destiné au bétail à cornes; car le fourrage coupé de bonne heure est préférable pour l'engraissement. On coupe un peu plus tard quand le fourrage est destiné aux chevaux qui aiment en général un foin sec et fibreux. — Il faut faucher près du collet des racines et afin de n'en pas être empêché on doit épierrer le sol au mois de mars de l'année qui suit l'ensemencement.

8

Je vous l'ai déjà dit, la luzerne ne doit pas être coupée la première année.

Faites votre fenaison par un temps sec et chaud; prenez les mêmes précautions que pour les foins naturels dans le fanage afin de perdre le moins possible les feuilles de vos fourrages, et n'oubliez pas la fermentation qui les sèche mieux, et les rend meilleurs; — puis rentrez-les vite ou emmeulez.

141. — Nous nous étions assis, M. Anselme et moi, sur le tronc d'un arbre abattu au bord d'un chemin et là nous continuions, lui à parler et moi à écouter. — Parler est le rôle de ceux qui savent, écouter le rôle de ceux qui ne savent pas.

— Mon ami, poursuivit-il, généralement les plantes qui composent les prairies artificielles sont vivaces et sont destinées à séjourner plusieurs années sur leur terrain. Il y a d'autres plantes dont on fait des prairies momentanées et qui disparaissent du sol en moins d'un an pour être consommées en vert par les animaux.

Ce sont, par exemple : la Chicorée sauvage et la Vesce qui prospèrent dans une terre sèche et fraîche ; — le Pois gris ou d'hiver, — la Gesse commune qui vient dans tous les terrains; la Gesse chiche qui réussit dans les terres calcaires et donne un bon fourrage ; — le Jarat qui aime les terres sablonneuses ; le Lentillon qui veut une terre sèche et riche, qu'on récolte après la floraison et qui est excellent pour les chevaux.

Il y a encore le Seigle, l'Escourgeon ou Orge d'hiver, l'Avoine; mais ce qui vaut bien mieux que ces trois plantes-là en vert c'est le Maïs, le Millet et le Sorgho nouvellement introduit en France. Le Maïs surtout est excellent pour fourrage; dans ce cas on le sème à la volée et même assez épais.

142. — J'oubliais la Spergule qui vient en deux mois, réussit dans les sables très-pauvres et fournit en vert un bon fourrage — et le Trèfle incarnat, précieux en ce qu'il n'occupe la terre que l'hiver, ne demande qu'un sol maigre et donne une bonne nourriture verte précoce; et la Moutarde à fleurs blanches si excellente qu'on l'a appelée *Plante à beurre*.

Il faut savoir échelonner les diverses récoltes vertes de manière à ce qu'elles se suivent pendant tout l'été. Il y aurait perte si elles abondaient en même temps.

Il faut les placer le plus possible dans les terrains voisins des étables pour faciliter les transports.

L'époque la plus favorable à la coupe des fourrages verts est celle où la majeure partie des plantes est en pleine floraison. On doit faucher régulièrement au fur et à mesure de la consommation, afin qu'aussitôt que la coupe d'un sillon est faite, on puisse labourer pour enfouir les chaumes et préparer la terre pour d'autres produits.

143. — Ce n'est pas tout encore, mon ami. — La nature en nous fournissant avec abondance la nourriture des animaux, nous indique leur grande utilité dans l'harmonie de la nature et nous excite à les multiplier.

Nous avons encore les pailles qui toutes peuvent être utilisées comme fourrage. On les classe dans l'ordre suivant au point de vue de leur valeur pour cet emploi : Paille de Millet — de Maïs — de Lentille — de Vesce — de Pois — de Fèves, — de Colza — d'Orge — de Seigle — de Froment — d'Avoine — de Sarrazin.

Enfin les racines qui entrent pour une si grande part dans la nourriture de l'homme sont encore un auxiliaire des fourrages pour la nutrition des animaux. Telles sont les pommes de terre, les topinambours, les choux, les betteraves, les navets ou turneps, les rutabagas ou choux-raves, les carottes, les panais. — Dans toutes ces plantes chaque animal prend celles qui lui conviennent le mieux.

« *Sème et cultive pour chaque espèce de bétail,* dit Jacques Bigault, *il faut que tout vive et vive bien.* »

Beaucoup de feuilles peuvent encore être con-

sommées par les animaux, notamment les feuilles
de vigne qui sont un excellent aliment pour eux.
C'est à tort qu'on les laisse perdre. On peut les
ramasser après les vendanges, en prenant pour
les conserver les mêmes précautions que pour
les foins.

144. — Il y a bien encore quelque chose à
dire, mon ami, quelques observations à faire à
propos de la consommation des fourrages par les
bestiaux.

Par exemple, un herbage ne doit être pâturé
que successivement, partie par partie. Pour cela
on le divise en enclos au moyen de fossés, de
barrières ou de haies vives. On fait paître chaque enclos pendant dix ou quinze jours. — Il y
a intérêt à faire pâturer les unes après les autres
plusieurs espèces d'animaux, les bœufs d'abord
qui ne prennent que le bout des herbes, puis les
chevaux qui mordent plus bas, enfin les moutons
qui vont jusqu'au ras du sol.

Les meilleurs pâturages doivent être consacrés
à l'engraissement des bœufs, ceux d'une moindre
fécondité à la nourriture des vaches laitières. Le
pâturage au piquet est très-bon pour les vaches.

Les pâturages de montagnes ne conviennent
guère qu'aux moutons qui y profitent beaucoup.

Mais à part ces deux cas d'herbage très-riches ou de pâturages de montagnes, n'oubliez
pas qu'il vaut infiniment mieux nourrir les bes-

tiaux à l'intérieur. Les bestiaux s'y engraissent mieux et plus vite et l'on ne perd pas de fumier.

145. — Le foin des prairies non arrosées a plus de parfum, les chevaux le préfèrent; le sainfoin est leur fourrage par excellence, ils aiment aussi le lentillon. En général les herbes leur conviennent d'autant plus qu'elles ont été cueillies plus voisines de leur maturité. La graine de la gesse chiche leur est nuisible.

Le foin des prairies arrosées est celui que préfèrent les bêtes à cornes. Celui des prés marécageux ne convient qu'aux bœufs. Donnez les regains surtout aux vaches laitières et aux veaux. Le maïs est encore très-bon pour les vaches.

Le trèfle blanc est particulièrement du goût des moutons; il ne les fait jamais enfler.

Donnez de la chicorée aux porcs pendant le temps de leur croissance : vous verrez le bon effet qui en résultera.

146.—On a recherché si les aliments cuits valaient mieux que les aliments crus pour les animaux et on a reconnu qu'en effet ils devaient être préférés ; mais les aliments fermentés sont plus nourrissants encore que les cuits. — Donnez une grande quantité de pommes de terre crues à un cochon, il restera maigre ; donnez-les-lui cuites et fermentées, elles l'engraisseront très-promptement.

Il est à remarquer d'ailleurs que les aliments fermentés dispensent de l'usage du sel, ce qui procure une économie.

Enfin il est encore prouvé que les engrais résultant de ce genre de nourriture sont plus abondants et de meilleure qualité.

La fermentation peut être employée avec toutes les variétés de plantes fourragères; elle excite l'appétit des bestiaux et les conserve en parfaite santé.

147. — Les fourrages-racines sont précieux pour varier un peu pendant l'hiver la nourriture sèche des animaux.

Quand, avec le printemps, arrivent les premiers fourrages verts, le seigle, l'escourgeon, le trèfle incarnat, il faut se bien garder de faire consommer ces fourrages verts seuls. Les animaux seraient promptement malades.

Vous faites un mélange de verdure et de paille en en élevant un tas composé de couches alternatives de paille et de fourrages verts. Vous avez soin de ménager au centre du tas un espace vide pour la circulation de l'air. — Après vingt-quatre heures les tas sont bons à distribuer aux animaux; la paille s'est humectée de l'eau des fourrages verts et a pris leur saveur. Les animaux mangent le tout avec plaisir et cela ne peut leur nuire.

Quand vous avez du foin altéré arrosez-le avec

de l'eau salée et exposez-le dans un lieu très-aéré; il ne fera pas de mal aux bestiaux.

Voilà, mon ami, dit en finissant M. Anselme, voilà toute l'histoire des graines d'or. Retenez-la; elle peut vous être utile dans votre carrière d'agriculteur. — Instruisez-vous, instruisez-vous, Jean, le savoir est aussi, lui, une graine d'or.

Xe VEILLÉE

LES ANIMAUX.

Le lendemain au soir, avant la prière Daniel ouvrit
le dixième manuscrit et lut :

148. — Il me semble voir encore le tableau que j'avais sous les yeux ce matin-là. — C'était sur le côté de la ferme qui regarde le potager. — Il y avait un banc auprès de la porte et sur ce banc M. Anselme était assis. Il avait un livre ouvert sur ses genoux et le petit François debout s'appuyait aux genoux de M. Anselme et regardait dans le livre aux endroits que celui-ci lui indiquait du bout du doigt. — Et de temps en temps l'enfant dressait la tête, et je voyais face à face ces deux charmantes figures, l'une charmante par le sourire la jeunesse, la naï-

veté, l'autre par la bienveillance et la sérénité.

Je les considérais de loin et je me plaisais à traduire leur conversation par les attitudes et les gestes. M. Anselme apprenait à lire à l'enfant.

149. — Mais ce n'était pas tout. Il y avait encore une tête qu'on voyait sortir à chaque instant d'une porte plus éloignée, une tête souriante et qui à chaque fois jetait un regard de tendre intérêt sur le groupe du vieillard et de l'enfant : c'était la tête de Bonin, le père du petit François. Il était là dans une écurie où il pansait un cheval malade, et il ne pouvait s'empêcher d'interrompre fréquemment son travail pour jeter un coup d'œil au dehors.

Je voyais tout cela de loin et je ne saurais dire combien j'étais charmé du tableau. Au-dessus, il y avait un beau ciel bleu éclatant sous le soleil. Tout autour des volées de petits oiseaux caquetaient dans les haies et dans les arbres. — Je suis bien loin de ces choses ; — mais je les vois toujours.

150. — Bonin sortit de l'écurie le cheval qu'il soignait et l'attacha dehors. — Au bruit qu'il fit, M. Anselme et l'enfant tournèrent la tête. — Le petit François voyant son père courut à lui ; M. Anselme le suivit et alors j'arrivai, moi aussi.

— Bonin, dit le vieillard, votre fils apprend admirablement, je vous réponds qu'avant deux mois il saura lire.

— Grâce à toutes vos bontés, Monsieur.

— C'est grâce à son intelligence et à son attention d'abord..... Mais qu'a donc ce cheval ? —demanda M. Anselme qui changeait la conversation toutes les fois qu'on parlait de son excellent cœur.

— Il s'est blessé la jambe au fer d'une charrue, Monsieur ; on dit que c'est une bête méchante et qui regimbe pour la moindre chose ; — cependant je dois dire que depuis plusieurs jours que je le soigne, je ne l'ai point trouvé difficile.

— Parce que vous le traitez avec douceur : c'est tout simple, reprit M. Anselme. — On rencontre sans doute des animaux difficiles et dangereux ; mais c'est l'exception et leurs vices tiennent à l'éducation qu'ils ont eue ; car il n'est pas rare de voir conduire les bêtes avec brutalité. Alors elles résistent et se blessent ou blessent ceux qui les maltraitent.

151. — L'homme doit ménager les moyens qu'il a de dominer la bête ; il ne faut pour cela que de la patience. Ne croyez pas que ce soit peine perdue de parler aux animaux ; ils ne comprennent pas les paroles, mais ils comprennent le ton doux ou ferme de la voix. — Montrez-leur, selon le besoin, des yeux bienveillants ou sévères. — Soyez tranquilles, ils sauront bien la différence. — Caressez votre cheval avec la

main sur le front et sur les yeux, vous verrez
que ces caresses le disposeront bien. Les bruta-
lités souvent imméritées l'exaspèrent et le rendent de plus en plus indocile. L'animal aime naturellement l'homme qui le soigne, quand celui-ci
sait être bienveillant. Les bêtes les plus entê-
tées finissent toujours par céder à la patience et
à la douceur.

Notre intérêt est engagé à ce que les animaux
soient bien soignés et bien gouvernés ; car
alors ils font bien leur service et sont moins
exposés aux accidents. — Mais ce n'est pas tout,
la dignité de l'homme a à souffrir des emporte-
ments auxquels il se livre envers les bêtes. —
D'ailleurs celui qui est capable de réfléchir et
d'apprécier les services rendus doit être reconnaissant envers les animaux qui nous fournissant
de précieux moyens de transport, nous valent
de riches moissons par leur travail et leur fumier, et enfin nous laissent leur chair et toutes
leurs dépouilles si utiles.

Traitons-les donc toujours avec bienveillance
donnons-leur une nourriture suffisante, convenable, et ne leur imposons qu'un travail mesuré
à leur force.

— *Celui qui soigne son bétail, soigne sa
bourse*, dit Jacques Bigault.

152. — Alors nous laissâmes Bonin à son travail et le petit François auprès de lui, et M. An-

selme poursuivit en s'aventurant avec moi dans les allées du potager.

— Les animaux sont de véritables petits laboratoires de chimie merveilleusement organisés par Dieu pour transformer ce qu'ils mangent en une variété infinie de nouvelles choses utiles. Avec un peu d'herbe verte ou sèche, du grain, des fleurs, du sel, ces machines qu'on nomme bêtes, vous fabriquent de la chair, du lait, des os, des cuirs, de la laine, des poils, des crins, de la corne, de la soie, du miel.... que sais-je ? et par-dessus le marché elles produisent encore de la *force*, cette chose si précieuse pour le travail, et des engrais, autre chose non moins précieuse pour les terres.

Votre affaire à vous, agriculteurs, c'est de faire fonctionner ces machines de manière à ce qu'elles produisent le plus possible et le mieux possible, au moyen de la nourriture et des soins que vous leur donnez.

153. — Il importe que l'agriculteur se rende bien compte de qu'il veut demander aux animaux. C'est ce qui le fixe dans le choix de ceux qu'il achète. — Ainsi il peut avoir à leur demander du travail pour la culture, du fumier pour les terres, ou de la viande, du lait, de la laine ou simplement une augmentation de valeur.

Selon que vous voulez obtenir une chose ou une autre, choisissez vos animaux capables de vous donner ce que vous voulez ; car tous les animaux de la même espèce ne sont pas également propres aux mêmes choses. Tel genre de travail convient mieux à tels chevaux, tel autre travail à tels autres chevaux. — Un bœuf est bon pour le labour, un autre meilleur pour le fumier, un autre pour l'engraissement.—Telle vache est meilleure pour produire les veaux, telle autre pour produire du lait. — Un mouton a la chair meilleure, un autre la laine plus belle.

On reconnaît cela à la construction de l'animal, à sa taille, à la disposition, à la grosseur de ses membres et à d'autres signes encore. Il faut donc étudier la structure de la bête et apprendre quelle signification a chaque détail de son corps. — N'oubliez pas d'apprendre à connaître son âge par l'état de ses dents.

154. — Mais avant de faire son choix, on doit considérer, d'après la nature de la localité qu'on habite et d'après le genre de culture qu'on a adopté, s'il est préférable d'avoir des animaux pour le fumier, ou bien d'en élever de jeunes ou bien d'en engraisser.

Il faut savoir que les bœufs aiment les terrains bas et les prairies grasses où leur taille prend du développement, tandis qu'ils restent médiocres dans les prairies élevées. — Il faut savoir que les chevaux deviennent plus beaux dans les riches pâturages; sont petits et vigoureux dans les pays rocheux ; plus élancés et moins forts dans les pays calcaires.

Il faut savoir que les brebis aiment les collines où croît le thym, que dans les vallées un peu humides et dans les prairies, les moutons ont la laine longue et grossière, tandis qu'ils l'ont plus courte mais fine dans les terrains secs. — Il faut savoir que les chèvres périssent dans les endroits marécageux, et se plaisent sur les montagnes.

155. — Un cultivateur ne doit pas ignorer quelles sont les principales races d'animaux de son pays, quelles sont les qualités, quels sont les défauts qui caractérisent chacune.

Ainsi, pour les bœufs, la race de Salers, en Auvergne, et celle de Gascogne sont surtout propres au travail ; elles engraissent mal et donnent peu de lait. La race Normande produit les plus gros bœufs ; elle est bonne pour l'engraissement et pour le lait ; la race Cholette est la plus petite ; elle engraisse bien et a de bonne viande, mais elle est peu propre au travail et à la production du lait.

Pour les chevaux : — le gros cheval de labour est le Boulonnais ; il est large, court, fort et pesant. — Le Percheron a de bonnes jambes ; — le Breton est plus petit et moins rapide ; — le Poitevin a les jambes trop longues et n'est pas solide ; — les chevaux du Midi ont de l'ardeur, mais ils sont faibles de membres et ont la poitrine étroite. Les races normande, navarrine, limousine, auvergnate, donnent aux chevaux les plus belles formes.

Parmi les moutons on distingue d'abord : le mouton commun, qui est le plus robuste et le moins exigeant ; il devient fort ; mais sa laine a peu de valeur. — Le mouton Mérinos est beaucoup plus petit ; mais sa laine fine et abondante est très-précieuse. — Enfin le mouton à longue laine nous vient d'Angleterre, où il porte le nom de Dishley ; il s'engraisse de très-bonne heure et devient énorme, mais sa laine est moins belle que celle du mérinos.

Quant aux porcs, la race ordinaire devient très-grosse, mais mange beaucoup et n'engraisse que tard. Il y a une race nouvelle dite Anglo-Chinoise qui devient très-promptement grasse avec infiniment moins de nourriture que n'en demande la race française. On doit donc la préférer.

156. — Et quand vous connaissez toutes ces choses, choisissez votre bétail selon votre but, et si vous pouvez faire des essais tendant à améliorer une race, ne les négligez pas. Moquez-vous de la routine qui reste les bras croisés.

Si c'est pour le fumier qu'il vous faut du bétail, ne craignez pas de le bien nourrir ; vous y avez tout intérêt. Meilleure est la nourriture, meilleur est le fumier et plus abondant aussi.

Les bêtes de rente doivent manger le plus

possible; nourrissez-les à l'étable, c'est le moyen d'accroître le fumier et d'empêcher le gaspillage du fourrage. Le bœuf se trouve très-bien du séjour de l'étable, le mouton également. Ne craignez pas que le mérinos y gâte sa laine. Vous seriez dans l'erreur.

Si vous voulez faire l'éducation de bestiaux, choisissez bien l'espèce que réclament les besoins du pays et n'élevez qu'avec la certitude de pouvoir vous débarrasser de vos bêtes à époques fixes dans les marchés voisins.

Si c'est de l'engraissement des animaux que vous comptez vous occuper, alors ne vous occupez pas de l'éducation.

157. — On emploie les bœufs et les chevaux pour labourer. Lequel vaut le mieux?

La nourriture des bœufs est moins chère que celle des chevaux, ils ne mangent ni grains, ni farines. Ils sont plus rustiques, moins sujets aux maladies que les chevaux, plus patients, plus constants au travail, plus dociles. Il ne leur faut qu'un joug et une chaîne, tandis que les harnais des chevaux sont coûteux; et enfin les bœufs, après avoir travaillé quatre ans, peuvent être revendus sans perte s'ils sont bien nourris.

Le cheval a pour lui d'aller beaucoup plus vite en besogne; mais il se fatigue davantage et n'a presque plus de valeur après l'âge de travail.

En résumé, mieux vaut avoir des chevaux et

des bœufs, les uns pour faire ce qui demande de la rapidité, les autres pour l'ouvrage pénible et long.

La bête de travail doit avoir les muscles forts, les membres trapus et robustes, la poitrine large, le cuir fort et épais.

Il faut supprimer les lourds colliers dont on a trop l'habitude d'affubler les chevaux pour le travail. Ils les fatiguent inutilement et les blessent.

158. — Quand on veut se livrer à l'engraissement des bestiaux il faut tenir grand compte de leur âge. Chez les trop jeunes, la nourriture ne sert qu'à la croissance ; chez les plus vieux elle ne sert qu'à la réparation des forces. — Quatre ans est le meilleur âge pour l'engraissement des bestiaux qui ne travaillent pas ; six ans pour les bœufs de travail et les vaches employées à la reproduction de leur espèce.

Pour engraisser au pâturage, le bœuf maigre doit passer successivement d'un herbage moindre à un herbage meilleur.

Pour engraisser à l'étable, il ne faut pas choisir l'été. C'est une saison peu favorable à cause de ses fourrages verts.

Mieux valent l'automne et l'hiver, qui ont la pomme de terre, la betterave, la carotte, les panais ; on alterne les racines avec des grains, de la luzerne, du trèfle, du sainfoin ; enfin on termine l'engraissement par la farine d'orge délayée et les tourteaux de colza. — La chicorée mêlée à l'alimentation donne à la viande un goût exquis.

La nourriture de l'animal ne doit être augmentée que progressivement.

La fermentation et la cuisson des aliments, leur préparation au sel sont choses importantes ; car elles stimulent l'appétit et facilitent la digestion, et l'animal profite mieux de ce qu'il mange. Il faut une grande régularité dans les heures de repas et que la nourriture soit très-variée à chaque repas, afin que l'animal soit excité à en prendre davantage.

Placez vos animaux à engraisser dans une étable retirée et à peine éclairée ; qu'ils soient là dans un calme complet et dans une température moyenne, aussi égale que possible.

La propreté contribue aussi au prompt et sain engraissement. Pansez régulièrement vos bêtes ; balayez fréquemment les étables.

Les bestiaux s'engraissent beaucoup plus promptement à l'étable qu'au pâturage, et leur graisse est bien meilleure. Ils sont aussi bien moins exposés aux maladies.

159. — La vache bonne laitière n'a généralement pas la beauté des formes ; mais elle a la tétine ample, la tête légère, le cuir mince, le poil fin, la croupe basse.

On voit très-distinctement ses veines à lait qui sont très-gonflées.

Les plantes qui donnent des qualités au lait sont le trèfle rampant, le sainfoin, le maïs, la chicorée, le pissenlit, les gesses. — Les plantes aromatiques mêlées en petite proportion au fourrage donnent au lait une odeur et une saveur agréables. Telles sont le thym, la sauge, le fenouil, les baies de genièvre.

En été, vous pouvez laisser pâturer aux vaches les herbes fines des prés, et le trèfle rouge et blanc des prairies artificielles. En hiver, donnez-leur de l'avoine, des betteraves, des carottes: cette nourriture produit le meilleur beurre.

Il faut à la vache des rations petites et fréquentes et maintenir toujours sa nourriture au dessous du degré qui amènerait son engraissement.

Il est reconnu que le lait n'est pas indispensable pour élever de jeunes veaux. On les nourrit d'abord avec une bouillie très-claire de farine d'orge et de tourteau de lin réduit en poudre, dans laquelle on met un peu de lait écrémé. Peu à peu on supprime le lait et on épaissit la bouillie.

On peut ainsi utiliser complétement le lait de la vache à la fabrication du beurre.

L'éleveur de bêtes de produit doit aussi être bon fabricant de fromages.

160. — L'éducation des moutons est particu-

lièrement avantageuse dans les domaines montagneux, sur des terres en pente, sous un climat à air vif.

Le brouillard, la pluie, la rosée, les vapeurs marécageuses, tout cela est dangereux pour les bêtes à laine.

Au commencement de l'hiver il faut donner aux moutons le meilleur fourrage, afin qu'ils se ressentent moins de la perte des pâturages. Donnez-leur aussi un peu d'avoine pour prévenir la pourriture, et du sel. — Faites-les boire en hiver comme en été.

Le mouton est bon à engraisser vers quinze ou dix-huit mois. Cet engraissement s'opère en toute saison. C'est une opération qui peut être très-lucrative, parce que le mouton pouvant s'engraisser en deux mois, on peut retirer cinq fois en un an l'intérêt de son argent.

Quand on n'engraisse qu'accidentellement une certaine quantité de bêtes d'un troupeau pour s'en débarrasser, c'est en février ou mars qu'il faut commencer l'opération, afin que les animaux soient gras en avril ou mai, époque où ils se vendent le mieux.

161. — Dans tous les pâturages où l'herbe est bonne et croît rapidement, l'opération est prompte. On termine l'engraissement en faisant pâturer des chaumes, des prairies salées ou qui abondent en pissenlit, en plantin. Aussitôt que les

bêtes sont grasses, il faut les vendre, de crainte de la pourriture. — La luzerne, le sainfoin, le trèfle engraissent bien, mais font la graisse jaune.

Pour l'engraissement à l'étable, on emploie le foin, les racines, l'orge moulu, et surtout les tourteaux de lin et les résidus des féculeries et des distilleries. La cuisson des aliments est bonne comme pour les bœufs. Un bon éleveur tient encore à la disposition de ses bêtes de l'eau potable et des blocs de sel que ceux-ci peuvent lécher à volonté.

Les bergeries doivent être propres et bien aérées ; mais un peu chaudes et sombres. La propreté consiste à renouveler fréquemment les litières, d'autant plus que les bêtes bien nourries donnent plus de fumier.

Le lait des brebis peut être utilisé pour la fabrication des fromages. Elles donnent, pendant six mois, de un tiers de litre à un litre et demi par jour en deux traites. Le roquefort est fait avec du lait de brebis mélangé à du lait de chèvre.

La tonte des moutons a lieu à la fin de juin. Les mérinos qui produisent la laine fine sont soigneusement lavés dans une eau courante avant d'être tondus. Cette opération profite à la santé du mouton autant qu'à la laine. Toute la toison d'un mouton n'est pas également belle. — La plus fine laine est aux épaules, c'est *la mère-laine* ; puis sur le dos, aux reins, sur les côtés du cou, et du genou à l'épaule antérieure ; tout le reste est plus ou moins grossier.

162. — Les porcs paîssent en troupeau pendant l'été. En hiver on leur donne des racines cuites ou trempées dans des résidus de ménage. Ils utilisent tout, les criblures, les mauvais fruits ; mais leurs aliments doivent toujours être ramollis et accompagnés de beaucoup de liquide. L'eau et une étable propre sont plus nécessaires qu'on ne le croit généralement à la santé du porc.

On l'engraisse à l'âge de huit mois, avec des pommes de terre et des carottes cuites écrasées, du petit-lait, du sel, des tourteaux d'huile. — L'engraissement se termine par des farines d'orge et d'avoine. — La chicorée donne au lard un goût exquis.

163. — La chèvre s'entretient au pâturage et à l'étable. Le pâturage des montagnes lui convient particulièrement ; elle aime beaucoup le muguet, le lichen, le lierre. Du reste, nul autre animal ne mange autant de plantes différentes qu'elle. Une chèvre bien nourrie peut donner chaque jour, pendant neuf mois, une quantité de lait suffisante pour faire trois fromages.

C'est avec le lait de chèvre qu'on fait le fromage du Mont-d'Or. On l'unit à celui de brebis pour en faire le roquefort, à celui de vache pour le sassenage.

164. — Vous avez pu voir fréquemment, mon ami, que, pour guérir les animaux malades, les cultivateurs s'adressent souvent à des charlatans ou à de prétendus sorciers.

Que diriez-vous d'un homme qui irait commander des souliers à un maréchal-ferrant? — Vous diriez qu'il est fou; que chacun fait bien le métier qu'il exerce, et que, par conséquent, il faut demander des souliers au cordonnier, des fers de cheval au maréchal-ferrant, de la toile au tisserand.

Il est donc raisonnable aussi d'aller demander la guérison des animaux malades au vétérinaire, qui a étudié le corps des animaux, leurs maladies et les moyens de les guérir.

Le charlatan vous donne une drogue qui peut tuer votre bête au lieu de la guérir; car il vous la donne au hasard. Tant mieux si elle n'est pas mauvaise.

Quant au sorcier, il donne pour remède des signes et des paroles, empoche votre argent et se moque de vous.

Si votre bête se guérit, c'est qu'elle devait se guérir toute seule par les forces de la nature.

165. — Ceci me rappelle un petit conte oriental que voici :

Un petit homme eut mal aux yeux et il alla trouver un vétérinaire : — Donne-moi un remède, lui dit-il. Le vétérinaire lui donna celui qu'il employait pour les animaux. Le pauvre homme en devint aveugle.

Celui-ci désolé et irrité porta l'affaire devant le juge qui se fit expliquer ce qui était arrivé, et décida que l'aveugle avait tort : « Car, si dit-il, cet homme n'était un âne, il n'aurait point été trouver le médecin des bêtes. »

Ceci prouve combien il est dangereux de confier une affaire importante à des mains inhabiles ; non-seulement on en éprouve du repentir, mais on est regardé par les gens sensés comme un homme sans jugement.

A chacun son métier.

XIe VEILLÉE.

LES ENGRAIS.

Le lendemain au soir, avant la prière, Daniel ouvrit le onzième manuscrit, et lut :

166. — Quelques jours après, M. Anselme vint me trouver de bonne heure et me dit : — Jean, voulez-vous venir avec moi ?

— Où allez-vous, M. Anselme ?

— Je vais faire une petite promenade.

— De quel côté ?

— Du côté que vous avez pris le jour où vous êtes parti pour Paris.

— Et par lequel je suis revenu avec vous.

— Oui.

— Je veux bien.

— Nous partîmes. — Nous marchions lentement derrière un chariot qui transportait du fumier dans une pièce de terre éloignée de la ferme et située du côté où nous allions.

— Voilà du fumier trop consommé — dit M. Anselme.

— Je croyais qu'il était meilleur ainsi.

167. — C'est une erreur, mon ami, une erreur que vous partagez avec beaucoup d'autres. J'en causai même hier au soir avec mon père, et il a reconnu que je pourrais bien avoir raison, et qu'à l'avenir il emploierait les fumiers moins pourris. — L'agriculture a ainsi adopté beaucoup d'erreurs dont elle se débarrasse avec peine. — Si les jeunes cultivateurs voulaient tous s'instruire des choses de leur profession, on arriverait promptement à de meilleures pratiques.

— Je ne demande pas mieux que de m'instruire, M. Anselme ; j'ai déjà commencé avec vous, il dépend de vous que je continue.

— Très-bien, mon ami ; et puisque je vous ai déjà parlé des fourrages qui nourrissent les animaux et des animaux qui donnent les fumiers, je vais vous dire quelques mots sur les fumiers qui donnent les récoltes. — Notre conversation sera de circonstance, puisque nous marchons derrière une voiture de fumier.

168. — Cet engrais que nous suivons est un mélange de matières provenant d'animaux et de débris de plantes. Il y a d'autres engrais qui ne sont composés que de matières animales; — d'autres qui ne contiennent que des débris de plantes. Ce qui fait trois espèces d'engrais. Chacune trouve son emploi utile dans une ferme bien conduite.

Toutes les parties des animaux en se pourrissant peuvent servir d'aliment aux plantes. Les parties les plus lentes à se pourrir comme la laine, la plume, les poils sont naturellement plus utiles aux arbres ou arbrisseaux qui restent longtemps sur le sol; ainsi ils sont bons pour la vigne, le houblon.

Les parties dures, les os et la corne, sont pilées et réduites en poussière pour pouvoir être répandues sur la terre.

Le sang sert à former le noir animal, qui est peut-être le meilleur engrais que l'on connaisse, On le répand sous forme de poussière, et il a l'avantage de pouvoir toucher les graines et les racines des plantes sans leur porter tort. Son effet est doux et se produit peu à peu; de sorte que les plantes en peuvent profiter depuis le moment où elles germent, jusqu'au moment où elles forment leurs graines. Il n'en est pas de même de bien d'autres engrais qui ont beaucoup plus de puissance tout d'abord, mais n'en ont plus au moment où la plante en aurait le plus besoin pour bien grainer. — Autre avantage de cet engrais : c'est que le charbon qu'il contient garantit la semence contre les dégâts des insectes et des rats. — Enfin il n'a pas l'inconvénient des fumiers ordinaires, qui sont pleins de graines de mauvaises herbes, et qui quelquefois donnent des maladies aux récoltes. — On peut dire encore qu'il est avantageux parce qu'il est peu volumineux, facile à doser et à répandre soit avec la main, soit au moyen de semoirs.

169. — Après le noir animal, la poudrette est l'engrais le plus puissant. Il est composé d'excréments humains desséchés et réduits en poudre; il faut le désinfecter par un mélange de chaux, sans cela il donnerait aux plantes un goût et une odeur désagréables.

La fiente des oiseaux est un engrais très-riche; celle des oiseaux de mer appelée *guano* est la meilleure, puis vient celle des pigeons, des poules et autres.

Tous ces engrais sous forme de poussière, répandus sur les plantes qui commencent à pousser, donnent beaucoup d'activité à la végétation.

Tous les excréments des autres animaux ne sont pas employés isolément et servent à former les fumiers par leur mélange avec la paille.

Les engrais liquides comme les urines de l'homme et des animaux, les eaux de vaisselle et toutes celles chargées de débris d'animaux n'ont qu'un effet peu durable. Il faut en renouveler souvent l'emploi.

170. — Passons maintenant, mon ami, aux engrais composés purement de débris de plantes. Ce sont ceux que donnent les feuilles, les tiges et les racines en se pourrissant.

En enfouissant une récolte verte, on utilise le mieux possible ce genre d'engrais. On choisit le moment où la récolte est en fleurs pour l'enfouir, parce qu'alors les plantes sont gonflées de séve et contiennent beaucoup de matières nutritives. Les plantes rendent ainsi à la terre bien plus qu'elles ne lui ont pris, parce que, jusqu'à la floraison, elles se nourrissent surtout aux dépens de l'air. Ce n'est que pour grainer qu'elles demandent beaucoup à la terre. Il faut donc toujours les enfouir avant qu'elles ne soient en graine.

Plus les plantes offrent de tiges charnues et de feuilles, plus elles conviennent pour enfouir dans un sol léger, parce qu'elles lui donnent en même temps engrais et humidité. — Ainsi la rave, le sarrazin, le trèfle, la spergule, le colza conviennent aux sols légers.

Plus les plantes offrent de tiges ramifiées et

dures, meilleures elles sont pour enterrer dans des sols humides et argileux, parce qu'elles soulèvent la terre et lui donnent de l'air en même temps qu'elles l'engraissent. — Ainsi le seigle, les fèves de marais, les pois, les lupins, les pois chiches améliorent les terres fortes.

Un orage a-t-il détérioré une récolte ? le mieux est de l'enfouir immédiatement et de semer autre chose.

Les engrais verts conviennent mieux aux climats chauds qu'aux climats froids ; mieux aux terres sèches qu'aux terres humides.

Une récolte abondante enfouie produit à peu près l'effet d'une demi-fumure.

On emploie encore comme engrais purement végétaux, les marcs de raisin, de pommes, de poires, d'olives et les tourteaux pulvérisés de colza, de lin, de navette.

171. — L'engrais provenant de la litière des animaux forme ce qu'on appelle un engrais mixte, c'est-à-dire mélangé de matières animales et de matières végétales. C'est là le fumier de ferme.

Les meilleures pailles pour litière sont celles de colza, de vesce, de sarrazin ; puis viennent avec une valeur décroissante les pailles de fèves, de lentilles, de millet, de pois, d'orge, de froment, de seigle, de maïs, d'avoine.

Le meilleur fumier est celui de bêtes saines,

bien nourries à l'étable avec des aliments de bonne qualité en partie verts, en partie secs, et recevant une litière suffisante.

172. — Quand ce mélange de paille et de fiente sort de l'étable, il ne faut pas le laisser exposé au lavage des pluies et aux ardeurs du soleil. On doit l'arranger en un tas régulier, de manière à pouvoir l'arroser pendant la sécheresse et recueillir ce qui en découle; mais il faut éviter qu'il ne fermente trop, parce que la fermentation fait évaporer précisément ce qui, dans les fumiers, est le plus utile pour nourrir les plantes.

Le fumier que voilà, mon ami, est dans ce cas : il a trop fermenté et a perdu par conséquent son meilleur suc.

On ne fait pas assez attention à cela généralement; on laisse les fumiers entassés ou éparpillés dans une basse-cour, sans en prendre aucun soin; et on ne se doute pas de tout ce qu'on perd.

— Mais alors, dis-je à M. Anselme, ne vaudrait-il pas mieux les porter dans les champs au sortir des étables et les enfouir sur-le-champ ?

— Certainement, cela vaudrait mieux si on pouvait toujours le faire; mais quand on ne le peut pas, il faut autant que possible les entasser serrés et les garantir de l'air, du soleil et de la pluie.

173. — L'usage de laisser le fumier exposé par

petit tas dans les champs avant de l'enfouir est donc encore très-mauvais, car il lui fait éprouver de nouvelles pertes par l'évaporation des sucs.

Et puis qu'arrive-t-il ? c'est que là où étaient les tas il y a trop d'engrais ; les blés sont trop forts et versent ; sur le reste du champ le fumier a été insuffisant et les blés sont maigres.

L'effet est le même dans les champs où le fumier n'est pas répandu bien également. Une partie du champ est trop riche, l'autre trop pauvre.

174. — Ordinairement, dans les fermes, on mélange les fumiers de toutes les espèces de bêtes. Cela n'a pas d'inconvénient quand on n'a qu'une qualité de terre ; mais là où le sol n'est pas partout de même nature, on doit réserver chaque genre de fumier pour un genre de terre.

Les fumiers chauds, c'est-à-dire ceux des chevaux et des moutons conviennent mieux aux sols froids et humides. — Les fumiers frais provenant des bêtes bovines conviennent mieux aux sols secs, sableux et chauds ; — enfin le fumier des porcs, plus âcre, plus chargé de graines de mauvaises herbes non digérées, doit être appliqué de préférence aux prairies.

Les fumiers pailleux ou longs sont particulièrement utiles aux terres argileuses et fortes, parce qu'ils les soulèvent ; et comme ils se pourrissent lentement, ils sont bons aussi pour les plantes qui restent longtemps en terre.

Les fumiers courts, au contraire, sont préférables pour les terres légères et pour les plantes qui ne séjournent pas longtemps sur le sol.

Il importe que les fumiers soient enfouis avec attention pour être bien placés à la profondeur où se trouveront les racines des plantes qu'on doit semer; sans cela les plantes n'en profiteraient pas.

175. — Il est enfin des engrais qui ne proviennent ni des animaux ni des végétaux. — Je vous en ai déjà parlé il y a quelque temps. C'est d'abord le plâtre cru ou cuit, qui a beaucoup d'action dans les sols pauvres. Il produit un merveilleux effet sur la luzerne, le trèfle, le sainfoin, la vesce, les pois, les haricots.

Ce sont ensuite les cendres qui sont très-bonnes pour les terrains froids, serrés, argileux, et particulièrement pour les prairies.

C'est encore le sel marin qui améliore les fourrages des prés humides et convient à l'orge et aux pommes de terre. Employez-le très-modérément pour le blé et pour les prairies artificielles.

Trop abondant il nuirait aux récoltes.

176. — Comme M. Anselme finissait de parler, la charrette qui nous précédait toujours arriva sur le bord du champ où elle allait déposer le fumier. — Un cahot qu'elle éprouva en entrant dans la terre molle fit tomber au milieu du chemin un petit paquet de fumier.

Nous nous trouvions un peu en arrière.

— Eh! cria M. Anselme au charretier, ramassez cela.

Celui-ci regarda et haussa les épaules comme pour dire : — Quelques poignées de fumier ne valent pas la peine qu'on fasse trois pas et qu'on se baisse pour les ramasser.

Un peu après nous arrivions nous-mêmes à l'endroit, et pendant que je me baissais pour prendre le fumier tombé sur le chemin et le jeter dans le champ, M. Anselme dit :— *Ne laissez rien perdre de ce qui est utile à l'homme, aux bestiaux ou à la terre ;* — ce sont là encore des paroles de Jacques Bigault.

— Mon garçon, cria-t-il ensuite au charretier, je désire que vous n'ayez jamais à vous baisser pour quelque chose de moindre encore que ce fumier.

Puis il me dit : — Il y avait là assez de fumier pour cinquante beaux épis de blé.

177. — Quelques pas plns loin, il me toucha le bras du doigt en disant : — Ceci me rappelle une charmante parabole d'un célèbre auteur allemand : *Les cerises de saint Pierre.* Je voudrais la savoir mot à mot afin de vous la dire avec tout son charme; mais je ne puis. Je vais simplement vous dire le fond du récit.

— Un jour Jésus, accompagné de ses disciples, cheminait paisiblement vers une petite ville. Voilà qu'il vit luire sur le chemin un objet qui était un fer de cheval.—Il dit à saint Pierre: Donne-moi ce fer.

Saint Pierre causait en ce moment avec un autre disciple. La trouvaille lui parut de si peu de valeur qu'il ne jugea pas devoir se pencher pour la ramasser. Il fit donc la sourde oreille et passa. Jésus ramassa lui-même le fer de cheval et continua à marcher sans rien dire.

Bientôt on atteignit la ville, et Jésus entrant chez un forgeron échangea le fer contre quelques menues pièces de monnaie, puis, en traversant le marché, acheta des cerises avec cet argent ; et il poursuivit son chemin, gardant les cerises dans sa manche.

De l'autre côté de la ville était une plaine sans maisons, sans arbres, brûlée par le soleil. Les disciples altérés se traînaient péniblement à la suite de leur maître.

Voilà que Jésus laisse à la dérobée tomber une cerise. Saint Pierre se précipite aussitôt, la ramasse et la porte avec avidité à ses lèvres. Quelques pas plus loin, autre cerise qui tombe, autre courbette de saint Pierre, puis une troisième, puis une autre encore. — Alors Jésus souriant se retourna et lui dit : « Il fallait donc te baisser à propos tantôt ; ta paresse y eût trouvé son compte. Tel méprise de petites choses qui va se donner de la peine pour de plus petites encore. »

178. — **M. Anselme causant, moi écoutant,**

nous allions toujours. Enfin il me dit : — Nous allons à la rencontre de quelqu'un.

— De qui donc ?

— Je ne vous le dirai pas. Je veux que vous soyez surpris ; et, certes, vous le serez.

Je cherchai à deviner qui cé pouvait être ; je lui nommai vingt personnes.

— Non, non ! vous n'y êtes pas — disait-il chaque fois en souriant.

— Mais jusqu'où irons-nous ainsi ? lui demandai-je.

— Mais jusqu'au débouché de ce chemin sur la grande route ; là nous nous assiérons quelque part à l'ombre et nous attendrons.

Ce fut en effet ce que nous fîmes. — De temps en temps M. Anselme regardait l'heure à sa montre. — Parfois de bonnes gens passaient qui nous saluaient amicalement ; — je les examinais de plus loin avec curiosité pensant toujours reconnaître la personne que nous attendions et je regardais à chaque fois M. Anselme pour lire quelque chose sur sa physionomie.

179. — Voilà que deux personnes apparurent à un coude de la route. C'étaient un homme et une femme. Quand ils approchèrent, je vis que l'homme portait un paquet sur son dos, la femme un enfant dans ses bras.

M. Anselme ne bougeait pas de la pierre sur laquelle il était assis et sa figure était impassible.

— Ce n'est pas encore cela, — pensai-je.

Cependant, quand ces personnes furent à petite distance il me sembla que leurs figures ne m'étaient pas inconnues. M. Anselme se dressa et alla en souriant à leur rencontre ; je le suivis.

Un instant après nous avions rejoint les arrivants et je reconnus, qui ? Antoine, l'ouvrier parisien que j'avais visité une fois et que j'avais retrouvé la veille de mon départ de Paris chez M. Anselme. — Il était là avec sa femme et sa petite-fille, et vraiment je leur serrai la main avec grand plaisir et j'embrassai l'enfant que je gardai dans mes bras pour la porter.

Il était tout simplement arrivé que M. Anselme avait parlé d'eux à mon père, et on avait calculé qu'on pourrait occuper cette pauvre famille à la ferme. Alors M. Anselme lui avait bien vite écrit de venir et m'avait réservé la surprise de leur arrivée.

Bientôt nous ramenions ces braves gens à la ferme où mon père les reçut admirablement.

Dès que Marie, c'était la petite fille d'Antoine, aperçut François, elle alla à lui. — François fit la moitié du chemin, et les deux enfants s'embrassèrent. — Cette rencontre a eu des suites.

XIIe VEILLÉE.

LES CULTURES DES CHAMPS.

Le lendemain au soir, avant la prière, Daniel ouvrit le douzième manuscrit, et lut :

180. — Quelques jours après, M. Anselme, assis près d'une fenêtre dans la grande salle de la ferme, était occupé à lire, dans l'après-midi. Il me vit passer dans une pièce voisine et me fit signe d'approcher en me recommandant par geste de ne pas faire de bruit. J'arrivai donc silencieusement auprès de lui.

Il me montra les deux enfants, François et Marie, qui jouaient dehors sur un banc voisin de la fenêtre et me dit : Ecoutez.

— Qu'est-ce que c'est çà ? — disait Marie en indiquant du doigt quelques grains de blé que François éparpillait sur le banc.

— C'est du blé, répondit François.

— Pourquoi faire ?

— Pour faire du pain.

— Oh ! ça fait du pain ?... mais le pain c'est gros ; ça c'est petit ; — le pain c'est mou, ça c'est dur.

— Mais tu ne sais pas, toi, reprit François, comment ça se fait... On porte le blé au moulin ; le moulin l'écrase et fait de la farine avec, et avec la farine et de l'eau ont fait le pain.

— Oh ! mais alors, pourquoi donc j'ai vu hier là-bas qu'on jetait le blé dans la terre. Il fallait le porter au moulin.

— Mais si on portait tout le blé au moulin, reprit François d'un air très-sérieux, quand il n'y en aurait plus, qui est-ce qui en donnerait ?

— Le bon Dieu ! répondit résolûment Marie.

Ceci déconcerta un moment François qui réfléchit un peu et dit ensuite : — Vois-tu, Marie, on place des grains de blé dans la terre, et c'est le bon Dieu qui les fait pousser, et chaque grain devient une plante qui donne beaucoup de grains.

— Oh !... mais, reprit Marie, si le bon Dieu voulait donner le blé sans qu'on le mette dans la terre...

— Non, Marie... le bon Dieu veut qu'on travaille...

— Voilà une admirable leçon ! s'écria M. Anselme qui ferma son livre et alla embrasser les enfants. Oui, François, le travail est la loi par excellence : Dieu donne tout au travail.

181. — Mon ami, me dit ensuite M. Anselme m'entraînant, ces deux enfants viennent de faire une introduction charmante à ce que je

puis avoir à vous dire sur les diverses cultures ; — car, puisque j'ai commencé à vous entretenir des choses de la campagne, je dois continuer.

Nous avons vu qu'on a du fumier au moyen des fourrages et des animaux. — Eh bien ! quand on a des fumiers qui rendent la terre fertile, il n'est pas difficile d'obtenir les plantes dont on a besoin. Il ne faut plus que du travail, comme dit François. — Mais pour travailler avec le plus de bénéfice possible, il faut du savoir.

182. — Parmi le grand nombre de plantes que produit la nature, il n'y en a qu'un petit nombre qui conviennent aux usages de l'homme ou des animaux. Les multiplier et les améliorer c'est la mission du cultivateur.

Il faut donc qu'il apprenne dans quelles conditions chaque espèce de plante utile peut prospérer ; quelles terres, quelles situations, quels climats, quelles façons de culture lui conviennent.

Le cultivateur doit en même temps tenir compte de ses intérêts et calculer quelle est de toutes les cultures possibles celle qui, dans sa position, lui est la plus avantageuse.

La culture qui se fait loin des villes, sur de vastes espaces de terrain, s'occupe surtout de produire des grains : blé, seigle, orge, avoine. — Cela se comprend, car plus on s'écarte des villes, plus la population est rare, et on est bien obligé d'adopter les cultures qui exigent le moins de bras. — C'est la grande culture.

183. — A mesure qu'on se rapproche des villes, la population augmente et par conséquent le nombre des propriétaires de la terre uagmente aussi. Le pays est plus divisé; la propriété plus petite; on cultive moins les grains qui demandent de grands terrains. D'ailleurs les chemins meilleurs, plus nombreux, permettent de transporter aisément dans les villes beaucoup de plantes que demandent les diverses industries et qui sont d'un meilleur rapport que les grains. Là on trouve selon le sol et le climat, soit les riches pâturages où l'on engraisse les bestiaux; soit les plantations de châtaigniers, de pommiers, de mûriers, d'oliviers; soit la culture des racines fourragères; soit celle des plantes qui donnent de l'huile, du fil, de la couleur. — Voilà ce qu'on appelle la culture moyenne.

Enfin la petite culture comprend, en outre des vignobles, les jardins de toute sorte produisant fruits, plantes potagères et fleurs. — Le caractère particulier de la petite culture, c'est qu'elle se fait à bras d'homme avec la bêche.

184. — Voyons d'abord les plantes de la grande culture. Inutile de rappeler combien le blé est précieux. Il y en a de nombreuses variétés;

le cultivateur doit essayer et choisir celles qui conviennent le mieux à son terrain. Il doit donner à chaque espèce de terre la variété de blé qui y profite le plus. Il y a un bénéfice de deux semences à agir ainsi. Il faut toujours cultiver deux ou trois espèces de blé; c'est prudent. — N'en employer qu'une, c'est s'exposer à de grandes pertes.

La semence doit être de belle qualité. Choisissez de préférence celle de l'avant-dernière récolte. Il faut la trier; ce ne sera pas peine perdue. On fait aujourd'hui des machines à trier le grain pour semence; il y en a de très-bonnes. L'argent qu'elles peuvent coûter est bien vite rattrapé par l'augmentation de récolte qu'elle procure.

Chaulez votre grain avant de le semer, ou trempez-le dans un bain de vitriol bleu, *bleu* entendez-vous et non pas *vert;* ce qui produirait un tout autre effet. Par ce moyen vous évitez la carie des blés. — Ce ne sont pas seulement les blés, mais une foule d'autres graines qu'il est bon de chauler, parce que la chaux a la propriété précieuse de hâter beaucoup la germination des plantes. Or, une plante qui pousse plus tôt est mûre plus tôt. La terre est plus tôt libre pour autre chose. C'est très-important.

185. — Le blé doit être semé à une profondeur de 4 centimètres seulement; c'est le point où il lève le mieux et produit le plus.

L'époque préférable est le commencement de septembre. Semé à ce moment le blé supporte mieux les rigueurs de l'hiver. Pour semer il faut un temps humide et une terre humide; en temps sec, hâtez-vous de jeter votre grain après le labour, afin qu'il profite au moins du peu de fraîcheur qu'a le sol. — Semez plus dru dans les terres maigres que dans les terres fertiles, afin qu'un blé plus abondant garantisse mieux le sol contre la sécheresse.

Si vous semez à la volée, recouvrez avec la herse plutôt qu'avec la charrue, parce que la charrue enterrerait trop votre grain.

Semer n'est pas chose difficile ; mais un bon semeur doit être apprécié, car de son travail dépend la récolte.

Au printemps, passez la herse sur vos récoltes en terre forte ; passez le rouleau sur celles en terre légère.

186. — En Angleterre on ne sème pas le blé à la volée ; on le sème en ligne avec des semoirs. Cette méthode commence à se répandre en France. — Elle est bonne. — Il y a d'abord économie importante de semence. — Les lignes régulières permettent de sarcler avec la houe à cheval, et les mauvaises herbes sont ainsi détruites. — Les plantes qui d'abord paraissent un peu claires, talent mieux au printemps, s'épaississent et donnent des épis plus forts, un plus beau

grain ; et en définitive la récolte est plus abondante que par la semaille à la volée. Le prix du semoir est bien vite gagné.

187. — Le meilleur moment pour couper le blé est celui où toute la tige n'est pas encore complétement blanche. Il suffit que le pied soit bien blanc ; on peut faucher sans crainte ; le grain sera meilleur. Seulement il faut alors laisser séjourner un peu les gerbes en plein air, et pour les garantir des intempéries les arranger en meulons.

Si vous coupez le blé complétement jaune, rentrez-le le plus tôt possible ou mettez-le en meules bien faites.

La faux vaut mieux que la sape et la faucille pour moissonner. — Déjà on commence à se servir d'une mécanique appelée Faucheuse pour couper les foins ; la moissonneuse mécanique ne tardera pas venir.

La conservation des gerbes en grosses meules et en plein air est le meilleur mode. En Angleterre on élève les meules sur des plates-formes supportées par des colonnettes en fer ou en bois. De cette manière on ne craint pas l'humidité du sol et les ravages des rongeurs. On recouvre les meules avec une toile imperméable. — L'absence de perte a bien vite couvert la dépense des plates-formes.

188. — En novembre on bat le blé en grange.

— Voilà un procédé détestable. D'abord il fatigue beaucoup les hommes, et ensuite il fait mal la besogne, puisqu'il laisse dans les épis une grande quantité de grains. — C'est autant de perdu.

Avec une machine à battre on a pu retirer encore 300 litres de grains de 650 bottes de pailles déjà battues au fléau. — Calculez un peu d'après cela la perte énorme que fait chaque année la France par le battage au fléau.

Je sais bien qu'une machine à battre est chère; mais en s'associant plusieurs on peut en acheter une, et on a bien vite recouvré sa dépense par le grain qu'on obtient de plus. — A défaut de machine, le rouleau est ce qu'il y a de mieux ; mais il faut des blés très-secs.

Les blés foulés par les animaux sont mieux égrénés que par le fléau ; mais ce moyen est dispendieux.

189.—Le seigle est rustique; il vient partout, à moins qu'il n'y ait trop d'humidité. C'est, après le blé, le plus important de nos grains. Ses tiges donnent un bon fourrage vert et une litière excellente, et servent à la confection de divers ouvrages en paille. Le seigle s'emploie dans la fabrication de l'eau-de-vie de grain.

Il doit être semé avant les froments parce qu'il mûrit avant les fortes chaleurs. — On l'enterre un peu plus profondément que le blé.

L'orge réussit surtout dans un sol sec et bien

remué. Il y a des variétés d'automne et de printemps. Les produits de l'orge sont considérables. On l'emploie surtout dans la préparation de la bière et pour la distillerie. — On sème l'orge à 7 ou 8 centimètres de profondeur, comme l'avoine.

Cette dernière aime les climats froids et les terres humides ; elle ne demande pas d'engrais, un seul labour suffit, et elle donne quelquefois des produits énormes.

190. — Les légumes et racines alimentaires que produit la culture moyenne sont d'abord la pomme de terre, puis les betteraves, les carottes, les navets, les topinambours, les haricots, les pois, les choux, la fève, la vesce, la lentille, le sarrazin, — à quoi on peut ajouter le maïs. On donne à tous ces produits le nom de récoltes sarclées parce qu'elles exigent toutes des sarclages nombreux pour réussir.

Il est donc avantageux de les semer ou planter en ligne pour rendre praticable l'opération de la houe à cheval et du buttoir.

Les sarclages qui sont si utiles à ces récoltes ne le sont pas moins à la terre. Ils la divisent, la rendent meuble, la débarrassent des mauvaises plantes et la préparent admirablement pour recevoir de nouvelles semences.

191. — La pomme de terre est, sans contredit, la plus importante de toutes ces plantes.

—N'oublie pas la pomme de terre, dit Jacques Bigault, elle te nourrira dans la disette et engraissera ton bétail dans l'abondance. — Tu peux manger la pomme de terre chaude à la place de pain ; car Dieu a dit : C'est un pain tout fait.

La pomme de terre redoute les terres argileuses et humides et préfère les terres légères ; mais elle vient bien partout, pourvu que la terre soit bien préparée. Plantez-la en avril par morceaux, et aussitôt qu'elle pousse, sarclez souvent et fort. Quand vous l'avez arrachée, laissez-la s'essuyer avant de la porter à la ferme.—Surtout en la conservant mettez-la à l'abri des gelées.

On nous a apporté de la Chine l'igname, excellente racine analogue à la pomme de terre. Les cultivateurs ne doivent pas craindre de l'essayer. La patate sera aussi un bon produit quand le paysan voudra bien la cultiver.

192.—La betterave se plaît dans un terrain légèrement sablonneux et fertile. Semez en avril si vous la destinez aux bestiaux ; mais attendez la seconde quinzaine de juin si vous la voulez bien sucrée. Elle s'enrichit en sucre quand elle accomplit toute sa croissance en moins de trois mois, sous un ciel clair et chaud et dans une terre qui lui convient.

Sarclez et binez beaucoup. — Tant qu'elle est en terre, ne coupez pas ses feuilles pour les donner aux bestiaux. Cela nuit à la racine.

La carotte veut une terre profonde, bien remuée et épierrée. — La jeune commune et la blanche à collet vert sont les plus avantageuses pour la nourriture des animaux. Il y a des variétés d'automne et de printemps. Nulle plante n'exige autant de propreté dans son terrain.

Le navet a besoin de terres fraîches, de climats humides, et se soigne comme la betterave.

Le topinambour s'accommode de toutes les terres, même des plus sèches. Racines et feuilles sont pour le bétail ; mais on débarrasse difficilement de cette plante un champ qui l'a reçue une fois. La moindre parcelle la reproduit, ce qui nuit aux récoltes suivantes.

193.—La fève aime les terres argileuses. On la sème en automne ou au printemps. Elle ne peut revenir qu'au bout de quatre ans sur le même terrain. — Le pois étouffe bien les mauvaises herbes quand on ne le sème pas en ligne. — La vesce vient bien partout ; on la sème en septembre ou en mars : elle nettoie bien le sol. — La lentille aime les terres calcaires et sableuses. Là elle devient très-bonne ; mais il faut sarcler et biner souvent.

— Les haricots aiment les terrains profonds et frais, bien labourés. — La lentille ne peut revenir que tous les quatre ans ; les haricots sont moins difficiles ; deux ans d'intervalle suffisent.

Les choux se plaisent dans les terres fortes, un

peu argileuses, mais non humides, il leur faut beaucoup d'engrais, et ils épuisent beaucoup la terre. — Mais leur culture en grand donne dans certains pays un produit considérable.

Le sarrazin réussit dans les terres arides. Il est précieux pour la nourriture des hommes dans les pays de montagne, d'autant plus que deux ou trois mois lui suffisent pour croître et mûrir.

Le maïs demande des terres légères, fraîches et bien préparées, et un climat chaud pour mûrir sa graine. On le sème en avril, à la main ; — la terre doit être souvent nettoyée. — On peut le cultiver dans le Nord, mais seulement pour fourrage.

194. — Si vous cultivez les plantes industrielles, vous pourrez en tirer de bons profits. — Il y a d'abord les plantes dont la graine donne de d'huile, le Colza, qui demande une terre riche et fraîche, la Navette, qui veut un sol léger et humide, la Cameline, qui vient dans les sols très-maigres, et l'OEillette ou Pavot. Ces cultures demandent infiniment de soins, mais payent bien la peine. — Le Sésame, plante étrangère, mérite d'être cultivée chez nous. Sa graine donne une huile douce, abondante et parfumée.

Parmi les plantes qui donnent de la couleur, vous pouvez cultiver le Carthame, qui se contente d'un sol sec et produit une couleur rouge ; — la Gaude, qui ne demande aucun engrais ; elle fournit du jaune ; — le Pastel dont on tire du bleu ; il s'étale comme une prairie naturelle et donne en un an trois récoltes de sa feuille. — Il y a encore la Garance dont la racine donne un beau rouge ; mais il lui faut un terrain profond, de riches engrais et beaucoup de soins, ce qui n'empêche pas qu'elle donne des bénéfices énormes à ceux qui la cultivent.

195. — Il reste à vous parler des plantes qui donnent du fil. C'est d'abord le Lin. Il contient une filasse très-déliée dans sa tige et de l'huile dans sa graine. — Le lin profite bien dans les sols fertiles et bien travaillés. Il faut surtout que son terrain soit bien propre. Il vaut mieux employer pour lui des engrais qui n'engendrent pas de mauvaises herbes.

Le Chanvre exige une terre forte et humide, bien labourée et bien fumée. Dans ces conditions il peut revenir sans cesse sur le même terrain. Il y a le chanvre mâle et le chanvre femelle qui seul porte la graine. On les sème séparément mais auprès l'un de l'autre. Le mâle est mûr en juillet ; l'autre ne mûrit sa graine qu'en septembre.

Enfin le Houblon et les Orties fournissent encore de la filasse et viennent très-bien dans les terres où le lin et le chanvre ne viendraient pas. Ils se rouissent plus facilement que ces dernières plantes. L'ortie peut se couper cinq ou six fois dans un été. Les tissus fait avec son fil sont bons.

196. — Nous venons de passer en revue isolément, mon ami, la plupart des plantes que nous pouvons cultiver; nous avons vu ce que chacune aime, ce qu'elle exige pour réussir.

Mais remarquez qu'aussitôt qu'un agriculteur a choisi les plantes qui conviennent en même temps à sa terre et à ses intérêts, un embarras commence pour lui.

Car il sait que les mêmes cultures revenant sans cesse sur le même terrain l'épuisent. — Il sera donc obligé de changer chaque année la place de ces diverses cultures.

Comment les disposera-t-il l'année suivante sur son terrain? sera-ce au hasard, pourvu que chacune ait changé de place? — Non, il ne peut s'en remettre au hasard, car il y a des plantes d'espèce différente et qui cependant ont des besoins semblables et produisent des effets pareils. — Ainsi beaucoup de cultures sont épuisantes; il ne serait pas sage de les faire se suivre ; elles se nuiraient. D'ailleurs il faut tenir compte pour chacune du sol qui lui convient et il y en a qui, tout en se plaisant sur un sol, n'y peuvent revenir qu'après plusieurs années.

197. — Il faut donc que le cultivateur réfléchisse sérieusement et longtemps avant d'établir les séries de récoltes que doit produire chaque pièce de terre. — De là dépend sa fortune ou sa ruine.

La combinaison par année de ces séries de récoltes s'appelle *assolement* ; — c'est-à-dire que le terrain est divisé en soles ou parties distinctes qui sont destinées d'avance, chacune à un certain nombre de cultures différentes, lesquelles doivent se succéder dans un certain ordre, année par année, et correspondre à telles et telles autres récoltes des autres soles.

198. — En fixant la succession des récoltes de chaque sole, le fermier ne doit jamais oublier qu'avant tout il faut constamment que la moitié de sa terre produise des fourrages ; à moins qu'il ne puisse tirer d'autre part une certaine quantité des engrais dont il a besoin.

Ensuite il doit, pour établir un bon ordre de succession des cultures sur chaque sole, considérer quelles sont les époques de semaille ou de plantation de chaque produit, l'époque de la maturité, celle de la récolte. Car il faut que chaque récolte disparaisse en temps convenable pour faire place à la suivante. — Le cultivateur doit tenir compte de l'état où la plante qui s'en va laisse le sol. Est-il bien remué ? — Est-il propre ? La plante qui suit peut avoir besoin de cela. La terre a-t-elle gardé assez de sucs nourriciers ? — n'en a-t-elle pas trop ? Car certains végétaux courent risque avec trop de nourriture de ne produire que des tiges et des feuilles et peu de grain ; ou bien de se coucher en poussant

trop vigoureusement et s'élevant trop haut. De
là on conclut quelles plantes peuvent aller avec
la fumure fraîche, — les pommes de terre, les
graines d'hiver, par exemple, — quelles autres
plantes viennent mieux quand le fumier est
plus consommé, — le lin, l'orge, par exemple ; — enfin quelles cultures n'ayant que peu
besoin d'engrais peuvent ne venir qu'en troisième ligne, l'avoine, par exemple.

199. — En résumé, il ne faut pas qu'une
plante soit dans une abondance inutile et qu'une
autre manque du nécessaire ; il faut que la seconde mette à profit ce que lui laisse la première.

Entredeux récoltes qui épuisent un terrain on
en doit placer une qui le ménage ou l'enrichit ;
— entre deux qui salissent, une qui nettoie ; —
entre deux qui séjournent longtemps sur le sol,
une qui y passe rapidement ; — entre deux qui
ne demandent que des labours peu profonds,
une qui demande des labours profonds.

Les plantes qui enrichissent le sol sont la luzerne, le sainfoin, le trèfle ; — celles qui le laissent à peu près tel qu'il était sont les plantes
coupées en vert pour fourrages, la spergule, les
poids, les vesces ; — mais si on les laisse venir
en graine elles sont épuisantes comme les grains,
les pommes de terre, les racines betteraves et
autres, les plantes à huile. — Mais les plus

épuisantes sont le chanvre, les pavots, le maïs, les choux, la garance, le tabac.

Ai-je besoin de vous dire que les cultures qui salissent le sol sont celles qu'on ne sarcle pas et que, par conséquent, celles qu'on sarcle le nettoient. — C'est ce qui doit engager à multiplier les semis en ligne, lesquels permettent les sarclages.

Il faut encore savoir que dans les climats favorables on peut mettre ensemble des plantes différentes, dans un même terrain, de manière que l'une fasse ombrage à l'autre et la soutienne. Pour cela il est nécessaire que les deux plantes prennent leur nourriture à des profondeurs différentes et que la maturité de la première soit en avance sur celle de la seconde. — Ainsi unissez la caméline à la moutarde blanche, les carottes au lin, — le trèfle ou la luzerne, ou le sainfoin aux graines, blé, seigle, orge, avoine.

200. — En tenant compte de toutes ces choses et, à force d'étude, on arrive à fixer son assolement.

Il est à remarquer que cette méthode qui fait succéder sans cesse des plantes les unes aux autres non-seulement sans qu'elles se nuisent, mais encore en se portant profit, — cette méthode, mon ami, tend à supprimer l'usage beaucoup plus répandu de laisser la moitié ou au moins un tiers des champs en jachère, c'est-à-dire improductifs pendant un an.

N'est-ce pas perdre là deux choses bien précieuses, l'emploi de la terre et l'emploi du temps?

Je sais bien que la jachère rend de la fertilité à la terre ; mais est-ce que le fumier ne le fait pas aussi? — Vous n'êtes obligé d'avoir recours à la jachère que parce que vous ne faites pas assez de fourrages et par suite pas assez de fumier. — Mauvais calcul! Suivez l'exemple de la nature.

Est-ce qu'elle se repose elle? il ne s'agit que de bien ordonner ses cultures.

Ainsi, par exemple, vous commencerez, je suppose, par faire un orge de printemps sur une sole ; vous jetez en même temps de la graine de trèfle qui lève très-bien à l'abri de l'orge. — L'année suivante vous faites deux coupes de ce trèfle et à la troisième vous l'enterrez pour mettre un froment. Aussitôt que le froment est coupé vous semez un trèfle incarnat qui occupe le terrain, l'hiver, donne du vert au printemps et fait place aussitôt à une culture sarclée avec bonne fumure et à l'automne vous remettez du blé.

Vous le voyez, ainsi la terre ne se repose jamais et ne se porte pas plus mal; les plantes s'en trouvent fort bien et le fermier aussi. — Faites de même sur chaque sole et vous aurez un assolement parfait.

201. — Pour que les plantes vivent bien en

société dans un domaine en y produisant beaucoup et de bons fruits, elles ont besoin, remarquez-le, d'établir entre elles des relations de convenances, de se prêter réciproquement aide et assistance, d'éviter, chacune, ce qui peut nuire aux autres. En un mot, elles doivent obéir à des lois d'association, à des règles qui protégent également les intérêts de chacune et garantissent la bonne harmonie entre toutes.

Quand ces lois ne sont pas observées par le cultivateur, plus d'association de plantes possible! plus d'exploitation prospère! la terre s'épuise, chaque plante souffre et le fermier se ruine.

Ne nous semble-t-il pas qu'un domaine où vivent les plantes en compagnie est comme une société d'hommes dans laquelle chacun doit suivre les lois de la raison et celles qui garantissent les intérêts communs? Ne vous semble-t-il pas que si tous ne s'entr'aident pas réciproquement, chacun souffre? Ne vous semble-t-il pas que si quelques-uns prennent plus qu'ils n'ont besoin, d'autres manquent en proportion; — que si quelques-uns sortent de leur place légitime et s'étendent ailleurs, c'est aux dépens des autres? Ne vous semble-t-il pas que les fermiers des sociétés d'hommes ont une grande mission à accomplir, celle d'organiser et de maintenir le bon assolement des hommes? enfin ne voyez-vous pas qu'on est d'autant plus

satisfait et prospère moralement et matérielle-
ment qu'on est les uns pour les autres plus serviable, plus secourable et plus indulgent?

Quand M. Anselme parlait ainsi, je le regardais et je ne saurais dire l'impression profonde
que me fit sa physionomie douce, noble, pleine
de bienveillance et de sérénité.

En vérité, je vous le dis, ce qui rapproche le
plus l'homme de Dieu, c'est la bonté.

XIIIe VEILLÉE

L'HORTICULTURE.

Le lendemain au soir, avant la prière, Daniel ouvrit
le treizième manuscrit et lut :

202. — Le 9 octobre était le jour de la fête de
mon père qui s'appelait Denis. — Du vivant de
ma mère on avait l'habitude de célébrer ce jour
à la ferme; mais depuis sa mort cette habitude
avait cessé.

— Eh bien! nous la ferons revivre, me dit la
veille M. Anselme. Non, il ne sera pas dit que,
moi ici, on laissera passer ainsi la fête de mon
vieux Denis sans avoir l'air d'y prendre garde.
Cela ne m'arrive pas si souvent d'être auprès
de lui à pareille époque. — D'abord ce sont là

de bonnes et salutaires fêtes qui égayent l'esprit, réchauffent le cœur et rompent un peu la monotonie de la vie des champs. — Il faut qu'on s'amuse et ce sera d'autant meilleur qu'on ne s'y attend pas. — Je veux me refaire jeune moi aujourd'hui pour mettre tout en train.— Je vais dire à madame Antoine et à madame Bonin de nous préparer en cachette une bonne provision de galettes au beurre pour ce soir. On y ajoutera des châtaignes rôties et un doigt de vin pour boire à la santé de mon vieux Denis. — Et vous verrez qu'il sera content et tout le monde aussi. — Et même je ne vois pas pourquoi on ne danserait pas un peu dans la grande salle ou bien sur l'aire.

203. — Mais il faudrait un violon ; dit-il en se grattant l'oreille ; — eh ! j'y songe — il y a un garçon dans la ferme voisine qui joue tant bien que mal du violon. — Nous allons y aller, mon ami, pour le prier de venir. — Oui, c'est une heureuse idée ; je suis certain que les jeunes gens seront très-contents. — Mais, bon Dieu ! il nous manque une chose bien essentielle — des fleurs, pour faire un bouquet ! — voyez-vous, Jean, il n'y a pas de bonne fête sans bouquet.—Comment ! vous n'avez pas une fleur ?

— Non, monsieur Anselme. — On n'a pas le temps de s'occuper de fleurs à la ferme.

— Attendez donc ! s'écria mon vieil ami qui

réfléchissait, attendez donc, je crois qu'il y a un petit parterre précisément à la ferme où nous irons chercher le joueur de violon. — On nous donnera bien quelques fleurs...... c'est cela ! nous ferons d'une pierre deux coups.. — C'est entendu.

Et M. Anselme se frotta les mains et alla trouver la femme de Bonin et celle d'Antoine et leur donna ses instructions pour la fabrication clandestine des galettes.

— Beaucoup et bonnes ? ajouta-t-il en les quittant.

Alors il me prit par le bras et me dit : Partons et ramenons le violon et le bouquet.

204. — En nous éloignant il reprit : Je songe à ce que vous me disiez que vous n'avez pas le temps de cultiver quelques fleurs. — Je ne suis pas de votre avis.

Et ceci m'amène à vous parler un peu de l'Horticulture, c'est-à-dire de la culture des jardins. C'est ce qu'on appelle la petite culture parce qu'elle s'exerce sur de petites étendues de terrain et n'emploie guère que les forces de l'homme ; mais il ne faudrait pas croire que ce soit la moins productive comme bénéfice. C'est une excellente industrie.

Placée dans le voisinage des villes, sur des terrains aussi fertiles que possible ;—opérant sur des plantes qui donnent des récoltes à tous les moments de l'année et ayant le débit assuré, prompt et avantageux de ses produits, vous comprenez que ses bénéfices sont très-fréquents.

— Il n'y a pas d'avances d'argent à faire ou du moins très-peu à la fois et seulement au fur et à mesure que le gain rentre; car il rentre tous les jours. — Encore une des causes de la bonne réussite de l'horticulture, c'est qu'elle a à peu près mis complétement de côté la routine. Elle ne s'effraye pas des nouveautés, au contraire, elle les recherche et s'ingénie à trouver tout ce qui peut rendre le travail plus facile et plus parfait, les récoltes meilleures, plus belles et plus rapides.

Aussi l'horticulture fait des merveilles et vous seriez bien étonné si vous assistiez d'un bout de l'année à l'autre aux travaux d'un bon jardinier des environs de Paris.

205. — L'art du jardinier, mon ami, comprend deux cultures; la *culture naturelle*, c'est-à-dire celle qui fait produire les plantes en plein air et dans leur saison ; et ensuite la *culture artificielle* ou forcée.

Cette dernière donne aux pays froids les produits des climats les plus chauds. Elle permet de recueillir chez nous des ananas, des bananes, des mangues, des goyaves, fruits exquis des contrées brûlantes. — La culture artificielle, hâte encore la végétation des plantes qui ne pourraient, dans le courant de nos étés trop courts, croître, fleurir, et mûrir leurs fruits. — Enfin elle nous fournit sous le nom de primeurs les produits de notre propre climat plusieurs mois avant leur maturité ordinaire et prolonge leur durée bien au delà de cette époque.—Elle accomplit des merveilles de rapidité dans la production de certaines plantes.

Tout cela s'obtient, grâce à l'esprit d'observation et au raisonnement, avec de la chaleur, de l'humidité et des engrais.

206. — On fait la chaleur artificielle de la terre avec des couches qui ne sont autre chose que des tas de fumier recouvert de terreau. La chaleur que donne la fermentation du fumier échauffe les graines placées dans le terreau et les fait germer avec rapidité. — Ensuite avec des arrosements convenables, les plantes prennent en très-peu de temps un développement énorme.

Les couches faites avec du fumier nouveau de cheval ou de mouton sont dites chaudes ; — quand la fermentation commence à diminuer, la chaleur diminue ; alors ce ne sont plus que des couches tièdes ; — quand le fumier est à peu près complétement décomposé ce ne sont plus que des couches sourdes.

207. — Dans la culture artificielle on a souvent besoin d'un air plus chaud que celui de la

saison. — On chauffe alors au degré convenable l'air renfermé dans des serres vitrées, — vitrées parce que la lumière est aussi nécessaire aux plantes que la chaleur et l'eau. — On donne la température voulue aux serres soit au moyen de tuyaux de poêle, soit au moyen de conduits où circule de l'eau bouillante. — Et selon le degré de chaleur et d'humidité qu'elles ont, ce sont des serres ou tempérées, — ou chaudes, — ou chaudes sèches, — ou chaudes humides.

On a encore des coffres couverts de châssis vitrés, que l'on transporte à volonté sur les plantes du jardin quand on veut les garantir de l'air du dehors trop froid. Ce sont, en réalité, de petites serres sous lesquelles la chaleur du fumier entretient une température douce. — De grandes cloches en verre remplissent le même but.

208. — Vous n'avez rien de semblable en agriculture.

Les instruments de travail du jardinier sont la bêche qui est sa charrue, et le trident pour les terres fortes ; le râteau qui est sa herse ; puis la houe à la main, le sarcloir, la binette. — Les sarclages sont une opération très-importante. Les mauvaises herbes sont encore bien plus nuisibles aux jardins qu'aux champs. D'ailleurs si l'on n'y prenait garde, elles se montreraient bien vite en abondance à cause de la grande quantité de fumier qui renferme beaucoup de mauvaises graines ; et ensuite elles croîtraient d'autant plus vite qu'elles se trouveraient en bon terrain ; — et elles déroberaient aux plantes utiles une nourriture précieuse.

209. — L'Horticulture comprend trois genres principaux de culture. Celle des plantes potagères ; — celle des arbres à fruit et celle des fleurs.

Très-rarement un jardinier pratique deux de ces cultures à la fois ; une seule suffit à occuper tout son temps. — D'ailleurs, on doit éviter de placer des arbres à fruit dans un potager. Ils jettent sur la terre une ombre qui nuit aux plantes ; il y aurait moins d'inconvénient à réunir la culture potagère à celle des fleurs.

210. — Le jardin potager veut une bonne terre sableuse et grasse, noirâtre, ni trop humide, ni trop sèche, profonde d'un mètre et bien remuée. Il faut cette profondeur pour les artichauts, les betteraves, les salsifis, les carottes. Les choux, salades et autres verdures veulent 75 centimètres.

Avant tout, il faut dans un potager prodigalité d'engrais et d'arrosage. — Rarement le potager a trop d'eau, jamais il n'a assez de fumier. Si le sol porte trois récoltes d'un légume dans l'année, il faut qu'il soit fumé trois fois.

Le fumier ne manque jamais dans le voisinage des villes. On emploie aussi très-utilement le noir animal, mais on s'en sert à doses trois ou quatre fois plus fortes qu'en agriculture. Il produit un effet puissant sur les légumes.

Dans le potager la qualité de la terre n'est pas chose essentielle;—si elle est bonne, tant mieux; mais fût-elle médiocre ou mauvaise on parviendra toujours à y faire croître de beaux légumes moyennant une dose suffisante d'engrais.

211. — L'abondance de l'eau est encore une des conditions les plus importantes pour la culture potagère. Là où il n'y a pas d'eau, pas de jardin possible.

L'arrosement par infiltration au moyen de l'eau courante dans des rigoles est le meilleur. L'eau versée par l'arrosoir a l'inconvénient de toujours découvrir plus ou moins le collet et les racines des plantes.

Le potager s'arrose pendant sept ou huit mois de l'année. Les pluies même fortes ne suffisent qu'aux plus petites plantes. Il ne faut donc jamais cesser d'arroser surtout en été et dans les terres légères.—En été, mieux vaut ne pas arroser du tout qu'arroser avec parcimonie. Pour éviter que le sol ne fasse croûte par l'effet de l'eau et de l'air, il faut le couvrir de paille. — Les jardiniers des pays chauds et secs disent : — *Biner c'est arroser,* — en ce sens que c'est rendre les racines accessibles aux influences de l'air et de la rosée.

212. — Le nombre des plantes potagères est très-étendu ; on compte une grande quantité de variétés de chaque espèce. Ce sont parmi les légumes proprement dits : le chou, le chou-fleur, les pois, les fèves, les haricots, les épinards, l'oseille, la poirée, l'oignon, le poireau, l'ail, l'échalotte, les asperges, les artichauts, les cardons, le céleri, les laitues, la chicorée, le pissenlit, le cresson, la mâche, la raiponce, le percil, le cerfeuil. — Parmi les légumes racines : la carotte, le salsifis, le navet, le radis, la pomme de terre, le panais, le topinambour, la betterave.

Il y a encore les plantes potagères dont on mange les fruits ; les potirons, les concombres, les melons, les pastèques, les tomates, les aubergines, les fraises ; enfin les plantes aromatiques et les plantes médicinales.

213. — Généralement on sème d'abord sur couches afin d'obtenir une prompte levée des graines par l'effet de la chaleur. On repique ensuite en place les jeunes plants.

La culture des plantes potagères est soumise à des assolements de manière à ne jamais laisser aucune partie du jardin improductive et à faire succéder sans interruption les diverses récoltes les unes aux autres, sur le même terrain, dans l'ordre le plus convenable.

Il faut avoir égard au mode de végétation de

certaines plantes qui ne peuvent revenir fréquemment à la même place. — Ainsi l'asperge
qui séjourne quinze ans à un même endroit n'y
peut revenir qu'au bout de quinze ans ; la fraise
dure trois ans et ne doit revenir qu'après trois
ans. — Les pois ne doivent revenir que tous les
trois ou quatre ans à la même place. L'artichaut
qui a séjourné trois ans demande une année
d'intervalle pour son retour. — Le salsifis doit
rester un an sans revenir au même endroit. Les
autres légumes reviennent sans inconvénient
tous les ans. Le haricot même paraît devenir
plus productif.

214. — Les Anglais dont le climat n'est pas
favorable à la production des plantes potagères,
font en grand la culture forcée. Leurs méthodes
sont imitées en Russie, en Allemagne, en Hollande, en Belgique.

On force en serre les asperges, les haricots,
les pois, les champignons, les pommes de terre,
les carottes, les salades, la fraise, le melon, le
concombre, la tomate et des produits étrangers

215. — Le jardin fruitier veut une terre bien
mélangée de sable et d'argile et profonde d'au
moins un mètre et demi. Il doit être environné
de murs destinés aux espaliers.

On peuple le jardin fruitier soit avec des arbres,
déjà greffés pris dans les pépinières, soit avec

de jeunes sujets qu'on ne greffera qu'après qu'ils auront pris racine à la place qu'on leur destine. Ce dernier mode est préférable. On plante à l'automne dans les terres légères, au printemps dans les terres humides. On fume la terre de préférence avec des engrais provenant de plantes pourries.

On greffe le poirier sur poirier franc et sur cognassier ; — le pommier sur pommier franc pour les hautes tiges, sur doucin pour les arbres à basses tiges. — On greffe le pêcher sur amandier et sur prunier : le prunier n'est choisi que pour les sols humides. — Le cerisier peut être greffé sur merisier pour les hautes tiges et sur prunier de Sainte-Lucie pour les tiges basses. — L'abricotier et le prunier sont toujours greffés sur prunier.

216. — Les arbres doivent toujours être placés à la distance convenable pour pouvoir se développer sans se nuire réciproquement.

Quelques arbres, notamment le prunier et le cerisier, demandent le plein vent. — La plupart des pommiers, des poiriers et des abricotiers viennent également bien en plein vent et en espalier. Le pêcher dans une bonne partie de la France préfère l'espalier.

Dans le Midi, la culture en espalier est très-rare, la réverbération des murailles produirait une chaleur trop forte.

La taille des arbres à fruit est une opération très-délicate et qui demande beaucoup d'expérience pour être bien faite.

En principe on doit hâter la taille des arbres délicats pour en obtenir de bonnes pousses et retarder celle des arbres trop forts pour les empêcher de s'emporter.

217. — Chaque arbre dirige sa séve à sa manière, le pêcher la porte toujours vert le haut ; l'abricotier, au contraire, se dévoloppe vers le bas. Donc l'un doit être surtout taillé dans le haut, l'autre dans le bas des branches. — Le pêcher ne porte fruit que sur le bois de l'année précédente, la plupart des autres arbres ne fleurissent que sur le vieux bois. Il faut bien connaître la manière dont un arbre se développe pour l'empêcher de trop produire de feuillage et le forcer à produire du fruit. On n'arrive à ce résultat qu'à force d'étude et d'observations.

Le prunier se taille peu : le cerisier encore moins, l'amandier, le cognassier, le néflier, le noisetier ne se taillent pas.

La vigueur d'un arbre dépend en grande partie de l'égale répartition de la séve dans toutes ses branches. Le pincement des branches qui s'emportent trop au printemps, surtout dans le pêcher est donc une chose nécessaire pour établir l'équilibre de séve indispensable à la bonne fructification.

Les jardiniers intelligents enlèvent avec un morceau de drap les mousses ou lichens qui s'attachent aux arbres fruitiers et qui vivent au dépens de la séve. Ce procédé usité en Touraine est une des causes de la beauté et de la quantité des fruits qu'on y récolte.

En Angleterre on force beaucoup les arbres à fruits, notamment le pêcher, le cerisier, le figuier, la vigne.

218. — Enfin, mon ami, vous dirai-je toutes les richesses du jardin fleuriste ; il faudrait bien longtemps, car elles sont nombreuses. Là chaque saison apporte son tribut et à peine les violettes sont apparues aux premiers vents tièdes du printemps, qu'avec elles commence une série non interrompue de mille fleurs de toutes nuances et de tous parfums, jusqu'au moment où soufflera la première bise glaciale de l'hiver.

Et alors pendant que la nature au dehors est couverte de neige et de glace, la fleur frileuse s'abrite dans la serre chaude du jardinier, et lui donne encore son éclat et son parfum pour payer le soin qu'elle en reçoit.

J'aime les fleurs, mon ami, et ce sont vraiment de charmantes compagnes, si gaies, si douces. Leur vue et leur parfum nous réjouissent toujours. — Nous les chargeons de représenter nos meilleurs sentiments. — Nous en mettons sur les autels comme un hommage pieux ; nous les donnons aux personnes que nous aimons, au jour de leur fête ; nous en cultivons sur la tombe de nos morts chéris, comme une image de souvenir.

Croyez-moi, Jean, quelques fleurs ne dépareraient pas la gravité de la ferme, elle l'embelliraient. — Le temps vous manque, dites-vous ? — Non, non, il leur faut à peine quelques gouttes d'eau, et elles vous les payeraient bien, ces gouttes d'eau, en charme et en bonne odeur.

219. — Nous arrivâmes bientôt à la ferme où nous nous rendions. — On donna avec empressement à M. Anselme les quelques fleurs qui restaient encore dans le parterre.

Le garçon qui jouait du violon fut ravi d'avoir une occasion de déployer son talent et accepta avec empressement l'offre que nous lui fîmes ; il nous dit même qu'il y avait là un de ses compagnons qui soufflait très-agréablement dans le flageolet et que si nous voulions...

M. Anselme ne le laissa pas achever.

— Un flageolet ! bravo ! qu'il vienne aussi ; — ce sera superbe !

Et nous retournâmes avec notre bouquet. Nous eûmes bien de la peine à le cacher à mon père qui se trouvait précisément là quand nous rentrâmes à la ferme.

Alors M. Anselme alla successivement dire un mot à l'oreille à toutes les gens de la ferme pour les prévenir qu'après le dîner chacun eût le soin de s'approprier un peu, puis qu'on se réunirait dans la grange et qu'on partirait de là pour aller en corps souhaiter bonne fête à maître Denis.

Aussi pendant tout le reste de la journée, on vit çà et là les gens de la ferme chuchotant tout bas et souriant. — Aussitôt que le maître paraissait, on se taisait comme s'il ne s'agissait de rien.

Enfin le soir arriva. Le violon et le flageolet endimanchés et rasés de frais étaient déjà là. On les avait cachés dans la grange en attendant. Tout le monde fut exact au rendez-vous, et, au moment voulu, M. Anselme donna un bouquet à chacun des deux enfants Marie et François, et les fit marcher devant.

Comme on entrait dans la salle où était assis maître Denis qui ne se doutait de rien, le violon et le flageolet entonnèrent un air de circonstance. Le violon partit un peu après le flageolet, mais cela ne fit rien, il le rattrapa plus tard.

Mon père fut grandement surpris et attendri ; il embrassa les petits enfants avec des larmes aux yeux et trouva leurs fleurs magnifiques et puis il serra la main à tout le monde et une fois de plus à M. Anselme.

La salle était pleine. On ne s'entendait pas trop, car les instruments allaient toujours leur train ; mais ce qu'il y a de certain, c'est que chacun était ému et joyeux.

— Allons ! mes enfants, amusez-vous, dit mon père.

Alors on fit de la place ; les deux instruments tâchèrent de se mettre un peu d'accord ; chacun prit sa danseuse et on partit. — M. Anselme lui-même dansa un moment avec madame Antoine.

Un peu plus tard les galettes, les châtaignes et le vin firent leur entrée qui fut parfaitement accueillie. Le tout fut trouvé délicieux, et le premier coup fut bu à la santé de maître Denis. — Ensuite on se remit à danser.

Vers minuit chacun serra de nouveau la main de mon père et alla se coucher.

XIVe VEILLEE.

LA VIGNE. — LES BOIS. —LA MAISON

Le lendemain au soir, avant la prière, Daniel ouvrit le quatorzième manuscrit et lut :

220. — La semaine suivante, un soir, après dîner, j'étais assis sur un banc extérieur qui est auprès de la fenêtre de la salle basse. — Le volet extérieur était fermé, mais la vitre ne l'était pas et j'entendais mon père et M. Anselme causer paisiblement en buvant un doigt de vin vieux. Probablement ils ne me savaient pas là, car

M. Anselme après un court instant de silence dit à mon père :

— Voyons, Denis, il faut cependant que je te confie une idée qui m'est passée par la tête.

— Dis, mon ami.

— Tu sais que j'avais une sœur qui est morte il y a deux ans, la pauvre femme, en laissant une petite fille orpheline.

— Oui, mon ami.

— Cette enfant qui a dix-sept ans aujourd'hui est pour moi plutôt une fille qu'une nièce. Et en vérité elle mérite bien d'être aimée ; c'est la douceur même et avec cela, laborieuse ! Me voilà vieux, mon ami, et je serais bien aise de la voir mariée à un brave garçon avant de m'en aller... — J'ai songé à ton fils... à Jean. — Je sais qu'il est bien jeune encore ; mais on pourrait attendre encore deux ou trois ans. — D'ailleurs dans les campagnes on se marie de bonne heure. — Qu'en dis-tu, Denis ?

221. — Je ne demande pas mieux, mon vieil Anselme, répondit mon père, cela nous rapprochera encore un peu, quoique je doute que nous puissions nous porter plus d'amitié. — Jean sera un heureux mari si ta nièce a seulement la moitié de tes qualités.

— Allons, allons... elle vaut dix fois mieux que moi. Je te remercie, Denis, tu ne saurais croire tout le plaisir que tu me fais. C'est une affaire entendue; cependant je n'en parlerai pas encore à Juliette.

— Ni moi à Jean, reprit mon père; mais tu as ma parole.

En ce moment quelqu'un entra dans la salle pour appeler mon père, et je profitai de la circonstance pour m'éloigner un peu. Ce que je venais d'entendre m'étonnait beaucoup; je n'avais encore aucune idée de mariage, mais j'avoue que la pensée d'avoir pour femme la nièce de ce bon M. Anselme ne me déplut nullement et je trouvai tout de suite le nom de Juliette charmant.

Je revins bientôt sur mes pas et entrai dans la salle. M. Anselme s'y trouvait seul.

— C'est vous, Jean, me dit-il, prenez un peu de vin, il est fort bon:

222. — Quand j'eus bu: — Voilà, reprit-il, un vin qui est venu sur un bon coteau et bien exposé, je vous en réponds. Ce n'est pas un vin de plaine qui aurait cette chaleur et ce bouquet.

— Je ne savais pas que le vin des plaines fût moins bon.

— Il faut pour faire du bon vin, mon ami, une vigne plantée sur le penchant d'un coteau calcaire et caillouteux, et regardant entre le levant et le midi. C'est ce qu'il y a de mieux; et, si, avec cela, votre vigne ne renferme que des ceps de bonne qualité, vous êtes certain d'avoir dans votre cave un vin généreux.

— Dans les terrains riches vous pourrez obtenir beaucoup plus de vin ; — mais pour la qualité, il faut un sol maigre et en pente parce qu'alors le soleil l'échauffe mieux. Il ne faut pas mettre plus de trois ou quatre variétés de ceps dans une vigne. Les meilleurs sont : le plant du roi ou côte rouge, le pineau, la malvoisie et la blanquette.

Vous plantez le sarment en hiver en l'entourant de terre bien fine mêlée de cendres, de fumier et de branches à moitié pourries. Au printemps vous coupez le sarment à deux ou trois centimètres de terre en lui laissant deux bourgeons.

223. — Pendant deux ou trois ans vous bêchez et sarclez une ou deux fois, et au mois de mars vous coupez les pousses près du cep. Mieux vaut cultiver la vigne à la bêche ; mais la charrue est plus économique.

A la quatrième année, le cep a 40 centimètres de haut ; ne le laissez plus monter et faites la taille selon la forme qu'on donne à la vigne dans le pays. Mieux vaut, à mon avis, maintenir les branches près de terre que de les lier à des échalas ; car le raisin le plus rapproché du sol est le meilleur.

La taille de printemps est préférable à celle qu'on pratique quelquefois avant l'hiver.

En mai on porte des engrais au pied des souches; les meilleurs sont ceux composés de débris végétaux, ou bien des chiffons de laine et des os pilés. Dans le même mois on ébourgeonne les vignes pour que la séve se porte seulement sur les sarments à fruits. — En juin on butte le pied des souches et on sarcle en août.

La vendange se fait du 15 au 30 septembre. — Il faut que le raisin soit bien mûr. — On ne vendange pas par un temps pluvieux, il ne faut pas non plus cueillir le raisin couvert de rosée. Laissez-le sécher par le soleil.

Une fois la vendange commencée, allez vite.

224. — Puis égrappez le raisin, foulez-le et jetez-le dans la cuve, Là la fermentation change le moût en vin. — Quand elle cesse et que le vin est coloré, à peu près clair et savoureux, on décuve en transvasant le vin dans les tonneaux; — mais veillez à ce que vos tonneaux n'aient pas d'odeur de moisissure. Lavez-les avec une infusion chaude de feuilles de pêcher et faites brûler dedans une mèche soufrée que vous entrez par la bonde. — Quand votre vin s'est reposé dans le tonneau et y a fait un dépôt, transvasez-le avec précaution dans un autre.

Le vin, mon ami, ajouta M. Anselme est une excellente chose, quand on en use avec modération; il vaut la peine qu'on se donne pour le faire produire et le conserver. Malheureusement dans beaucoup de localités, on ne sait pas le soigner convenablement ; c'est pourtant un excellent produit. Les bons vignerons gagnent beaucoup d'argent.

225. — Mon père rentra en ce moment, et parla devant moi à M. Anselme de sa nièce ; bien entendu sans faire allusion à ce qu'ils avaient dit en mon absence.

Tout ce que dit M. Anselme de Juliette me ravit.

— Il faudra nous l'amener l'année prochaine, dit mon père.

— Avec plaisir, répondit M. Anselme.

Quoique je ne connusse pas autrement Juliette, je l'aimais déjà et je me plaisais davantage encore, à partir de ce jour, en la compagnie de M. Anselme, parce qu'il en parlait quelquefois.

Quelques jours après comme nous étions sur la lisière d'un petit bois, le vent soufflait assez fort, et faisait tourbillonner les feuilles tombées.

— Nous voilà bientôt à l'hiver, dit-il, il faut que je songe à rentrer à Paris ; Juliette m'attend avec impatience.

— L'année prochaine vous reviendrez..... avec elle... lui dis-je.

226. — Je ne sais s'il remarqua quelque embarras en moi, mais il me regarda un moment en silence, et sans répondre à ma question, se mit

à me parler du bois que nous avions à notre droite.

— Ce bois est bien tenu, me dit-il, et tout petit qu'il est, rapportera de l'argent à son propriétaire. — Les bois sont encore un bon produit de l'agriculture. — Il est d'ailleurs toujours bon d'en avoir un peu sur son domaine. — Votre père devrait en planter un. — Je lui en donnerai le conseil. L'hiver est précisément l'époque des plantations. On pourrait commencer ce travail-là dans une couple de mois.

— Mais nous avons beaucoup d'arbres le long des pièces de terre, monsieur Anselme,

— C'est un mauvais système, mon ami, les plantations d'arbres espacés ainsi ne profitent pas. Vous le voyez, vos arbres sont restés rabougris pour la plupart ; d'ailleurs leur ombre porte tort aux récoltes voisines et leurs racines gênent la charrue. — L'arbre planté en massif coûte moins, est moins exposé aux ravages des animaux, profite davantage et s'élève plus haut.

227. — On fait les trous quelques jours avant la plantation, puis on y place l'arbre en entourant ses racines de terre fine.

Les arbres à feuilles qui tombent, comme l'amandier, l'acacia, reprennent facilement ; il n'en est pas de même des arbres verts, comme le pin, le mélèze. Il y en a encore d'autres qui ayant un long pivot se transplantent difficilement ; tels sont le chêne, le marronnier.

Quand on veut faire un bois avec des arbres d'une reprise difficile, il vaut donc mieux les semer en place après avoir labouré le terrain comme pour une récolte ordinaire. Quand c'est un semis d'arbres à feuilles qui tombent, qu'on a fait, il faut les sarcler souvent dans les premières années. Quand, au contraire, c'est un semis d'arbres verts, il ne faut pas nettoyer le sol des mauvaises herbes ; elles entretiennent une humidité nécessaire à la végétation des semences.

228. — Sur les terrains maigres on ne peut placer que des bois taillis, c'est-à-dire destinés à être coupés régulièrement tous les dix, vingt ou trente ans. — Les bois qu'on appelle futaies sont ceux qui ont plus de 80 ans. — Les arbres verts ne repoussant pas de souches ou de racines comme les autres arbres, on les réserve pour former les futaies.

Lorsqu'on veut faire monter un bois en futaie, il faut tenir compte de la nature du terrain, voir quelle espèce d'arbres on y peut mettre et calculer l'avantage que l'opération peut procurer.

En coupant les taillis il faut prendre garde de ne pas trop endommager les souches qui doivent porter de nouveaux jets. On laisse toujours quelques arbres debout çà et là dans les taillis coupés, afin qu'ils puissent répandre leurs graines dans le bois. Ces arbres, respectés, sont appelés *baliveaux*.

Les arbres en futaies se coupent de deux manières ; soit en choisissant un peu partout les plus beaux et laissant les autres ; soit en abattant tous les ans une portion complète du bois. — La première coupe est la *coupe en jardinant ;* la seconde est la *coupe par bandes.*

Les arbres abattus en jardinant brisent ou blessent leurs voisins en tombant et on les sort difficilement du milieu des forêts. D'un autre côté, ils ne peuvent être remplacés, car l'ombrage des arbres qui restent empêchent les jeunes plants de pousser. — Donc ce mode de coupe est mauvais.

La coupe par bandes n'a pas les mêmes inconvénients ; aussi elle accroît beaucoup le revenu des forêts.

229. — Tous les arbres viennent bien dans les terres composées de sable et d'argile ; mais dans les terres pourvues de chaux on doit planter de préférence le chêne, l'érable, le platane, le charme, le hêtre, le tilleul, le marronnier, le frêne, l'orme. — Dans les landes, le pin, le mélèze, la sapin argenté ; dans les sols sableux, le bouleau, le peuplier blanc, le châtaignier ; — dans les lieux humides, les peupliers, le saule, l'aune.

230. — Le soir même M. Anselme fixa le jour de son départ, et en effet il nous quitta bientôt en nous promettant de revenir l'année suivante.

Il tint parole et arriva dans le courant de l'été, accompagné de Juliette.

Tous les éloges que M. Anselme avait faits de sa nièce étaient mérités. — Elle me parut aussi belle que bonne et j'étais heureux de penser qu'on me la destinait pour femme.

Deux années se passèrent encore et à chaque été je la revis. — Enfin on me parla du projet que l'on avait fait de nous unir, et on remit le mariage à l'année suivante.

Le temps me parut bien long : mais enfin il s'écoula et j'épousai Juliette.

Mon bonheur fut bientôt troublé par la double perte que je fis dans la même année de mon père et de l'excellent M. Anselme. Mon père était mort le premier; M. Anselme ne fit que languir pendant trois mois, et puis le rejoignit.

231. — J'ai vécu heureux dans mon ménage autant qu'un homme peut l'être.

— La bonne ménagère est un trésor dit Jacques Bigault, tout prospère sous la main d'une emme active et soigneuse.

Aussi tout a prospéré dans ma ferme. Elle a bien soigné sa maison; elle a tenu tous les comptes avec grande intelligence et à chaque fin d'année elle me disait, après avoir calculé : — Jean, il ne faut plus faire telle chose, elle a plus coûté qu'elle n'a rapporté.

Voilà une maîtresse femme ! — et elle avait raison. Les comptes bien exacts, bien justes font voir clair dans les affaires au bout de l'année ; — et si on s'est trompé une fois dans une culture, on le voit et on ne s'y laisse plus prendre.

Peu après notre mariage Daniel, notre aîné était venu au monde. Puis Simon, puis Joseph, puis Suzanne sont arrivés. Chaque enfant, je peux le dire, a été une joie de plus dans la maison.

J'ai toujours tâché d'être bon et juste pour ceux qui m'ont entouré, et j'espère avoir réussi puisqu'ils m'ont toujours témoigné qu'ils m'aimaient.

J'ai vu mourir le pauvre Bonin avec grande peine ; mais j'ai marié sa fille à François qui est un bon, honnête et laborieux garçon. J'espère qu'ils resteront toujours à la Cerisaie ainsi que mon vieil ami Antoine et sa femme et madame M. Bonin et tous les autres. Que mes enfants ne la quittent jamais eux aussi, la Cerisaie, s'ils veulent être heureux. Qu'ils restent là pour fermer les yeux à leur bonne mère, ma bonne Juliette, quand il plaira à Dieu de la réunir à moi.

CONCLUSION.

La voix de Daniel en finissant était profondément altérée par l'émotion. Sans le grand silence qui régnait on n'eût pu entendre la dernière phrase qu'il avait à peine la force de prononcer. — Cette phrase avait été écrite évidemment peu de temps avant la mort de maître Jean et alors qu'il la pressentait.

La pauvre mère, la vieille Juliette, sanglotait, la tête cachée dans ses mains. Simon, Joseph, Suzanne, tout le monde avait les yeux noyés de larmes et personne ne pouvait seulement dire un mot.

Le vieil Antoine et sa femme, la vieille veuve Bonin et François et Marie étaient tous là. Est-il besoin de dire ce qui se passait dans leurs cœurs?

Aussitôt que tous les gens de la ferme se furent retirés et que la famille se trouva seule, Simon et Joseph allèrent chacun d'un côté, se mettre à genoux près de leur mère, et chacun lui prenant une main, ils lui dirent :

— Mère, pardonne-nous, nous resterons toujours!

Et ils sont restés à la Cerisaie, et ils en sont heureux.

On sut quelques jours après que le manuscrit

de maître Jean avait été confié par lui au maître d'école du village voisin, l'un de ses vieux amis, — pour en faire, au besoin, l'usage qu'il jugerait convenable.

Le maître d'école avait su le projet de départ de Simon et de Joseph et il avait déposé le manuscrit de maître Jean sur le vieux fauteuil de cuir et placé dessus le bâton.

FIN

TABLE DES MATIÈRES.